KB266012

이 책의 핵심을 이루는 철학은 당신의 일을 크게 확장하고 삶을 풍요롭게 하며 이 세상에 특별한 발자취를 남기게 해줄 것이다.

—게리 켈러Gary Keller (켈러 윌리엄스 리얼티 회장, 《원씽》 저자)

삶의 본질을 꿰뚫는 지혜로 가득 차 있다. 인간성의 핵심이 무엇인지를 상기시키는 전무후무한 경제경영서.

—오리 브라프먼Ori Brafman (UC버클리 하스경영대학원 석좌교수)

짧지만 달콤하다. 이 시대에 꼭 필요한 관대함의 정신, 그리고 성공의 기반을 이루는 인간성에 관해 되돌아보게 하는 우화.

—니도 쿠베인Nido Qubein (하이포인트대학교 총장)

큰 성공을 거둔 사람들은 이미 아는 비밀, 즉 부는 세상을 더 나은곳으로 만들 때 뒤따르는 결과물이라는 진리를 설파한다.

—폴 제인 필저Paul Zane Pilzer (전 백악관 경제 자문)

《위대한 상인의 비밀》, 《1분 경영》의 뒤를 잇는 최고의 비즈니스우화. 이 책은 타인을 우선시하는 것이야말로 성공과 부, 충만한 삶을 이루는 열쇠임을 보여준다.

—팻 윌리엄스Pat Williams (NBA 구단 올랜도 매직 수석 부사장)

대학 신입생 필독서로 지정되기에 손색이 없다.

—앤절라 로어 크라이슬러Angela Loehr Chrysler (팀 내셔널 CEO)

타인의 이익을 최우선에 둘 때 신뢰가 형성된다는 진리와 함께 공헌, 풍요, 봉사, 성공의 원칙들을 멋지게 조명한다.

—스티븐 코비Stephen Covey (《성공하는 사람들의 7가지 습관》 저자)

가장 위대한 지도자는 섬기는 지도자다. 섬김을 통해 성공에 이르는 방법을 알려주는 훌륭한 이야기.

—존 애디슨John Addison (전 프라이머리카 공동 CEO)

타인의 성공을 돕는 것이 자신의 성공에 도움이 되는 이치를 명확히 이해하고 있다. 강력히 추천한다.

—아이번 마이스너Ivan Misner (BNI 창립자, 《대가들의 성공 백서》 저자)

처음부터 끝까지 이 책에 매료되었다. 양서의 자질을 모두 갖춘 책으로, 마음을 울리는 교훈을 전한다. 부디 끝까지 읽길 권한다.

—마이클 E. 거버Michael E. Gerber (마이클 거버 컴퍼니 창립자, 《사업의 철학》 저자)

복잡한 비즈니스의 게임에 명확성과 목적의식을 불어넣는다.

—필립 E. 해리먼Philip E. Harriman (재무 컨설턴트, 전 MDRT 회장)

사업을 경영하고 살아가는 방식에 지대한 영향을 준 책. 다섯 가지 성공 법칙을 다른 사람들과 공유할 수 있어서 영광이다. 더 나은 세상을 만들고 더 나은 인간이 되고 싶다면 이 책을 읽어라!

—해리엇 E. 도미니크Harriet E. Dominique (USAA 기업 책임 및 커뮤니티 선임 부사장)

이제껏 읽은 성공에 관한 책 중 가장 영향력 있는 책이다.

ー글로리아 로링Gloria Loring (가수 겸 배우)

시대를 초월한 가치를 세련되게 제시하는 책이다.

ー존스 로플린Jones Loflin (《퍼스트》 저자)

특별한 지혜와 별 다섯 개의 통찰로 가득 찬 보석 같은 작품. 삶을 알차게 살고 싶다면 이 책을 반드시 읽어야 한다.

ー게르하르트 그슈반트너Gerhard Gschwandtner (《세일즈가 힘이다》 저자)

'작은 것 안에 위대한 것이 담겨 있다'는 격언의 함의를 이보다 더 제대로 보여줄 수 있을까! 가치 있고 귀감으로 삼을 만한 메시지를 전달하며 삶의 모든 면에서 성공하는 열쇠를 건넨다. 거듭 반복해서 읽게 되는 책.

ー톰 홉킨스Tom Hopkins (《판매의 기술》 저자)

놀라운 스토리텔링을 통해 간단명료한 다섯 가지 성공 법칙을 단순한 동기부여 수단에서 진정한 영감의 원천으로 끌어올린다.

ー스콧 앨런Scott Allen (《가상의 악수The Virtual Handshake》 저자)

베푸는 삶이 번영으로 이어진다는 단순명료한 상식을 열정적으로 설파하며 우리의 삶을 더 나은 방향으로 인도한다.

ー템플 헤이스Temple Hayes (《당신은 언제 죽었는가?When Did You Die?》 저자)

출간되자마자 '기버' 열풍을 일으키며 글로벌 CEO들의 지갑을 열게 한 화제작. 베푼 만큼 돌아온다는 보편적인 진리를 일깨운다.

—허핑턴 포스트Huffington Post

'주면 받을 것이다'라는 오랜 격언을 일하는 사람의 관점에서 단순하고 편안한 스타일로 해석한다.

—퍼블리셔스 위클리Publishers Weekly

《누가 내 치즈를 옮겼을까?》에 비견할 만한 명저가 탄생했다. 이 책은 가장 오랫동안 기억에 남을 만한 우화를 들려주며 마음이 풍족해지는 메시지를 훌륭한 방식으로 전파한다.

—사운드뷰 이그제큐티브 북 서머리Soundview Executive Book Alert

《모리와 함께한 화요일》처럼 성공에 관한 지혜와 통찰을 제시한다.

—더스트리트닷컴TheStreet.com

《갈매기의 꿈》과 《성공하는 사람들의 7가지 습관》의 만남! 삶을 진지하고 거시적인 관점으로 바라보는 이들의 심금을 울릴 것이다.

—리테일링 인사이트Retailing Insight

처음 읽을 때도 감동적인 책이지만, 그 안에 담긴 더 심오한 메시지를 깨달은 뒤에는 환희에 가까운 감동과 마주하게 된다.

—라이프 인슈어런스 셀링Life Insurance Selling

THE GO-GIVER 1

THE GO-GIVER

**왜 주는 사람이
결국 부를
끌어당기는가**

밥 버그·존 데이비드 만
이현 옮김

1

더 기 버

O'FAN HOUSE

우리에게 모든 것을 준
마이크 버그와 메르너 버그,
앨프리드 만과 캐럴린 만에게

이 책을 바친다.

차례

아리아나 허핑턴
(허핑턴 포스트 미디어그룹 회장)

타인에게 베풀고 긍정적인 영향을 주고 관심을 기울이고, 진실하게 살고, 항상 마음을 열고 주고받으며 사는 것. 동화책에만 존재하는 삶이 아니다. 내가 살면서 마주친 많은 사람들이 그런 훌륭한 삶을 보여주었다.

출신 지역과 종사하는 분야는 다를지언정 그들 모두 베풂의 철학을 공유한다. 이 책은 그 철학을 포착하여 베풂이 동화, 우화, 백일몽이 아니라 누구나 따를 수 있는 현실적인 존재 양식임을 보여준다.

사람들은 베풂의 철학에 따라 세상이 돌아갈 수 있다고 믿고 싶어 한다. 타인에게 초점을 맞추는 건 선한 목표일 뿐만 아니라 자신의 삶을 풍요롭고 충만하게 만들 수

있다고 믿고 싶어 한다. 하지만 우리는 너무나 자주 압박
감을 느낀다. "약육강식의 논리가 지배하는 세상이니 나
부터 챙기는 게 우선"이라는 냉소적이고 체념 어린 목소
리를 안팎에서 들으면서 말이다.

"성공하여 재정적 안정을 **달성해야만** 베풀 수 있는 여
유가 생긴다"라고 여기는 사람이 너무나 많다. 하지만 이
책을 쓴 밥 버그와 존 데이비드 만은 '기버go-giver' 개념을
통해 베푸는 사람이 되는 것이야말로 어떤 종류의 성공이
든 이룩하는 길이라고 말한다.

'베푸는 사람'이 된다는 것은 무얼 뜻하는가? 대개는
자선단체에 기부하는 모습, 즉 성공을 거둔 뒤에 '환원'하
는 행위를 떠올리지만 그건 베풂의 작은 부분에 불과하
다. 밥과 존이 말하는 '베푸는 사람'이란 말 그대로 '주는
사람'이다. 타인을 생각하고 관심을 기울이고 마음을 쓰
고 시간과 에너지를 쏟고 **가치**를 제공하라는 뜻이다.

베푸는 사람이 된다는 것은 대가를 바라거나 앞서가
는 전략이 아니라, 베풂의 행위 자체로 만족감과 충만함
을 누리는 삶의 방식이기 때문이다.

이 책을 처음 출간한 지 얼마 지나지 않아 우리는 알린 소런슨Arlin Sorensen이라는 남성으로부터 편지를 받았다. 아이오와주 소재의 IT 기업 CEO인 그는 200개가 넘는 IT 기업들을 상대로 《더 기버 1》을 주제로 한 하계 워크숍을 개최했고, 이 책의 아이디어에 깊은 감명을 받은 여러 참가자가 비행기 삯을 자비로 부담하면서 워크숍에 참석했다. 그들은 폐업 위기에 처한 어느 회사를 위해 머리를 맞대고 해결책을 강구했다. 결국 그 회사는 위기에서 벗어나 다음 분기에 이례적으로 높은 수익을 달성했고, 컨설팅을 제공했던 사람들은 남의 회사를 돕는 과정에서 알게 된 정보가 그들 자신의 회사를 성장시키는 데에도 도움이 된 걸 보고 놀랐다.

알린은 이 모든 것이 우리가 쓴 '성공을 부르는 비즈니스 원칙을 담은 짧은 우화'를 읽은 결과라고 했다.

이런 희소식을 전해 온 건 알린만이 아니었다. 다양한 분야에 몸담은 사람들이 우리가 쓴 이야기가 그들이 일하고 사는 방식을 바꿔놓았다고 말했다. 미국 상공회의소는 《더 기버 1》의 원칙을 산업 강령으로 채택했으며, 회원사들의 성공에 보탬이 되고자 이 책을 배포한다고 말했다. 그런가 하면 이 책의 핵심 원칙을 바탕으로 직원들과 업무를 창의적으로 개선하는 방안을 고안 중이라는 피트니스 클럽도 있었고, 이혼 소송에서 더 효과적으로 협상하기 위해 이 책을 참고하고 있다는 로펌도 있었다.

그렇게 《더 기버 1》은 한 권의 책으로 시작해 하나의 운동이 되었다. 주인공 조가 업무에서 승기—그의 표현을 빌리자면 '영향력과 그것을 이용할 수단'—를 잡는 데 어려움을 겪고, 세상은 **실제로** 이렇게 돌아간다는 직관에 반하는 원칙들을 멘토에게 배우는 과정이 독자들의 공감을 불러일으키는 것 같았다. 무엇보다 그 원칙들은 비즈니스의 세계에만 국한하지 않았다. 개인적인 일상의 영역에서도 이 책을 활용하고 있다는 부모와 교사, 목사, 상담사들의 이야기를 머지않아 듣게 된 것이다.

- 미국 인디애나주의 한 고등학교 교사는 세상을 잘 헤쳐나가기 위한 준비의 일환으로 이 책을 졸업반 학생들에게 가르친다고 말했다.
- 미국 휴스턴에 자리한 회원제 컨트리클럽의 수석 셰프는 서비스의 질과 만족도를 한층 더 끌어올리고자 관리자들의 교육에 이 책을 쓴다고 했다.
- 영국 런던에 거주하던 어느 리투아니아인은 이 책을 자국에 소개하고 싶어 리투아니아로 돌아가 몸소 출판사를 차렸다. 그녀는 우리에게 이렇게 말했다. "《더 기버 1》은 이 나라를 바꾸어놓을 겁니다."

북클럽에서부터 최고 경영자 협의회에 이르기까지, 로펌에서부터 기도 모임까지, 대규모 에너지 기업에서부터 요양원까지, 피자 가게 매니저에서부터 대학원 교수까지, 무수히 많은 사람들이 편지를 통해《더 기버 1》을 어떻게 삶에 접목하고 있는지 우리에게 알렸다. 단순히 이 책이 좋다는 것을 넘어서 그 이상을 이야기했다.

한마디로, 이 책의 메시지가 **통한**다고 말했다.

특히 기업가들은 이 책 덕분에 사업의 성공을 이뤘다고 말했다. 어느 회사는 책에서 조가 배운 '천문학적 성공을 이루는 다섯 가지 법칙'을 실행하여 위기를 완전히 떨치고 회생했다. 크고 작은 기업들이 매출, 그리고 고객 만족도를 개선하기 위해 이 책으로 영업팀과 고객 서비스팀을 교육하기 시작했다. 심지어 결혼과 양육에 다섯 가지 법칙을 적용하여 큰 효과를 보고 있다고 전한 사람도 있었다.

이 모든 경험담은《더 기버 1》이 놀라울 만큼 새롭고 독창적인 '비결'을 알려준다고 말하는 듯하지만 사실 그렇지는 않다. 이 책에 담긴 생각은 인류 역사만큼 오래됐다. "이것은 내가 세상은 이렇게 돌아간다고 늘 **생각했던** **(혹은 바라왔던)** 방식이다. 다만 그것을 말로 표현할 방법을 몰랐을 뿐이다" 같은 맥락의 이야기를 우리가 자주 듣는 이유다. 독자들은 조의 모험담을 읽을 때 마음속 깊은 곳에서 항상 알고 있던 뭔가를 발견한다고 말한다. 세상이 때로는 약육강식의 장으로 보일지라도 그 피상적인 모습 이면에는 훨씬 더 친절하고 큰 영향력을 발휘하는 원칙들이 작용하고 있다는 사실이다.

하지만 우리가 하는 말을 무작정 믿지 않길 바란다.

조와 그의 멘토 핀다의 대화를 찬찬히 읽어가며 그 함의를 스스로 탐색해보기를 바란다.

핀다의 조건을 따라보기를 바란다. 이 책에서 읽은 모든 법칙을 직접 시험하고 무슨 일이 벌어지는지 직접 확인해보라. 2장에서 핀다가 조에게 말한 것처럼 "다섯 가지 법칙을 생각이나 말로 하는 게 아니라 삶에서 실제로 적용하라."

부디 즐거운 여정이 되기를, **천문학적 성공**을 이루기를 바란다.

1장

원하는 것을 기필코 손에 넣는 사람

클레이슨 힐 신탁회사에서 원하는 것을 기필코 손에 넣는 사람을 한 명만 꼽으라면 단연 조일 것이다. 그는 부지런하고 열심히 일하며 정상을 향해 질주했다. 적어도 그것이 그의 계획이었다. 조는 야심 있는 청년으로, 목표를 높이 잡고 열심히 추구했다.

때로는 아무리 빨리 움직이고 쉼 없이 노력해도 목표와 멀어지는 기분이 들기도 했다. 원하는 것은 반드시 손에 넣어야 직성이 풀리는 그로서는 **노력**을 많이 하는데도 정작 얻는 것은 별로 없는 듯했다.

하지만 일이 너무 바빠서 진지하게 생각해볼 틈이 없었다. 특히 오늘 같은 날, 그러니까 금요일이고 분기 마감까지 고작 일주일 남았고 아주 중요한 기한을 앞둔 날은 더더욱 그랬다. 절대로 놓쳐서는 안 되는 기한이었다.

○ ○ ○

오후 근무 시간이 끝나갈 무렵, 조는 예전에 자신이 도와준 적이 있던 사람에게 도움을 요청하는 전화를 걸었다. 하지만 대화는 그의 뜻대로 흘러가지 않았다. 조는 절박함을 드러내지 않으려고 숨을 골랐다.

"칼, 이럴 수는 없지. 닐 핸슨? 그게 누군데? …그자가 뭘 제안했든 상관없어. 우리도 그 조건에 맞출 수 있다고… 이봐, 칼. 저번에 나한테 신세 졌잖아! 하지스 건을 따낼 때 누가 도와줬는지 잊었어? 칼, 끊지 마… 칼!"

조는 통화 버튼을 끄고 무선 전화기를 차분히 내려놓았다. 무겁게 숨을 내쉬었다.

조는 큰 건을 성사시키려 애를 쓰고 있었다. 누구보다 일에 열심인 터라 당연히 해내야 하는 일이었고, 무엇보다 이번 3분기 할당량을 채우려면 큰 건이 **필요했다**. 조는 1분기와 2분기에 연달아 할당량을 채우지 못했다. 이미 투 아웃이었다…. 세 번째는 생각하고 싶지도 않았다.

"조? 괜찮아?"

걱정스러운 목소리가 들렸다. 고개를 드니 동료인 멜라니 매슈스가 염려하는 표정으로 바라보고 있었다. 멜라니는 선하고 좋은 사람이었다. 하지만 조는 바로 그 이유 때문에 그들이 일하는 7층처럼 경쟁이 치열한 곳에서 멜라니가 오래 살아남지 못할 수도 있다고 생각했다.

"응."

조가 대답했다.

"칼 켈러만과 통화한 거야? BK 건으로?"

조가 한숨을 쉬었다.

"맞아."

굳이 설명할 필요가 없었다. 7층에 있는 사람들 모두가 칼 켈러만이 누구인지 알았다. 그는 기업 중개인으로,

빅 카우나Big Kahuna—조가 줄여서 BK라고 부르는—계약을 맡기기에 적합한 기업을 찾고 있었다.

칼이 말하길, 빅 카우나의 사장은 조의 회사가 계약을 성사시킬 만한 '영향력과 그것을 행사할 수단'이 없다고 생각했다. 조는 듣도 보도 못한 사람이 나타나 더 낮은 가격을 제시해서 조를 제쳤다고 했다. 칼은 저도 어쩔 수 없다고 했다.

"놓쳤어."

조가 말했다.

"기운 내, 조."

멜라니가 말했다.

"일하다 보면 이럴 때도 있고 저럴 때도 있는 거지."

조는 이렇게 말하며 자신만만한 미소를 지었지만 칼이 한 말이 머릿속을 떠나지 않았다. 멜라니가 제 책상으로 돌아가는 동안 조는 자리에 앉아 생각에 잠겼다. '영향력과 수단이라….'

잠시 후에 그는 자리에서 일어나 멜라니의 책상으로 갔다.

"이봐, 멜라니."

멜라니가 고개를 들었다.

"얼마 전 거스 선배와 나눈 대화 기억해? 다음 달에 어디선가 강연한다는 유명 컨설턴트 말이야. 그 사람을 '회장'인가 뭐라고 불렀잖아."

멜라니가 미소를 지으며 대답했다.

"핀다 회장님."

조가 손가락을 튕겼다.

"바로 그거야. 그 사람. 그 사람 성이 뭐야?"

멜라니는 인상을 찌푸리며 어깨를 으쓱했다.

"글쎄… 들어본 적이 없는 것 같은데? 모두가 회장님 혹은 그냥 핀다라고 불러. 왜? 강연이 듣고 싶어?"

"음. 어쩌면."

사실 조는 한 달 뒤 열릴 강연 따위에는 관심이 없었다. 그의 관심사는 오직 하나였다. 3분기가 끝나는 다음 금요일까지 계약을 성사시켜야 했다.

"이 사람이 진짜 거물인 것 같은데. 그렇지? 컨설팅 수수료도 거액이고, 크고 잘나가는 회사들만 상대하고. 그야말로 영향력으로는 **최고**지. 난 우리가 BK 건을 얼마든지 해낼 수 있다고 자부하지만 계약을 되찾아오려면 뭔가 큰 힘이 필요해. **영향력과 그걸 행사할 수단이 필요하다고.** 그 회장님이라는 사람에게 연락할 방법이 없을까?”

멜라니는 마치 조가 곰과의 몸싸움을 제안하기라도 한 듯 황당한 표정으로 그를 바라봤다.

“무작정 전화를 걸겠다고?”

조는 어깨를 으쓱했다.

“응. 그러면 안 돼?”

멜라니는 고개를 저었다.

“나는 연락할 방법을 모르겠는데. 거스 선배에게 물어보는 게 어때?”

○ ○ ○

조는 자리로 돌아가면서 거스가 어떻게 클레이슨 힐 신탁회사에서 이토록 오랫동안 살아남았는지 궁금해했다. 조는 거스가 **일다운** 일을 하는 모습을 본 적이 없었다.

하지만 조와 멜라니를 비롯한 열댓 명의 직원이 7층의 열린 공간을 공유하는 반면, 그는 홀로 개인 사무실을 사용했다. 누군가는 거스가 연차가 높아서 개인 사무실을 배정받은 거라 했다. 반면 그가 실력으로 당당히 개인 사무실을 따낸 거라고 말하는 사람들도 있었다.

사무실에 떠도는 소문에 따르면, 거스가 마지막으로 계약을 성사시킨 지 이미 수년이 흘렀고 경영진은 오로지 의리 때문에 그를 데리고 있다고 했다. 정반대의 소문도 있었다. 그가 젊은 시절에 큰 성공을 거둬 더 이상 돈에 연연하지 않으며 침대 밑에 수백만 달러를 숨겨놓고 은퇴자처럼 사는 괴짜 부자라는 설이었다.

조는 소문을 믿지 않았다. 거스는 **꽤 괜찮은** 계약을 성사시킨 게 분명했다. 하지만 영업의 슈퍼스타로 보기는 어려웠다. 그는 고등학교 영어 교사처럼 입고 다녔고 왕성하게 활동하는 세일즈맨이라기보다 은퇴한 시골 의사처럼 보였다. 느긋하고 태평한 모습, 잠재 고객과 나누는 길고 두서없는 통화(일을 **제외한** 온갖 주제에 관해 떠드는 것처럼 보였다), 제멋대로인 장기 휴가까지. 어느 모로 봐도 거스는 오래된 퇴물 같았다.

원하는 것을 기필코 손에 넣는 사람과는 거리가 멀어 보였다.

조는 문이 열려 있는 거스의 사무실 앞에서 부드럽게 노크했다.

"조, 들어와."

거스가 대답했다.

○ ○ ○

"지금 당장 전화를 해서 그분을 직접 만나겠다고?"

거스는 명함꽂이를 유심히 넘기다가 귀퉁이가 접힌 명함을 발견하고서 작은 종이에 전화번호를 옮겨 적어 조에게 건넸다. 그는 조가 쪽지를 받아 든 채 무선 전화기에 번호를 입력하는 모습을 가만히 지켜봤다.

"금요일 오후에 전화를 하겠다고?

"맞아요. 오늘 전화하려고요."

조가 씨익 웃으며 말했다.

거스는 생각에 잠긴 듯 고개를 끄덕였다.

"조, 한마디만 하지. 자세는 야심이 있고 나는 그 점을 높이 사네."

거스는 해포석으로 된 담배 파이프를 무심하게 만지면서 말했다.

"원하는 것을 기필코 손에 넣는 사람을 우리 층에서 한 명만 꼽으라면 단연 자네일 거야."

조는 그 말에 감동했다.

"고마워요, 거스."

그는 자리로 돌아가려고 몸을 돌렸다.

등 뒤에서 거스가 외쳤다.

"내게 고마워하기는 아직 일러."

신호가 한 번 울리더니 자신을 브렌다라고 밝힌 여성이 활기찬 목소리로 전화를 받았다. 조는 자기소개를 한 뒤 핀다를 만나야 한다고 말하고 나서 곧 이어질 거절을 어떻게 받아칠지 궁리했다.

하지만 브렌다는 조가 깜짝 놀랄 만한 대답을 했다.

"물론 만날 수 있습니다. 내일 아침에 오실래요?"

"내, 내일이요? 내일은 토요일인데요?"

조가 말을 더듬었다.

"네, 가능하시다면요. 8시는 너무 이른가요?"

조는 몹시 놀라고 당황했다.

"아… 회장님께 먼저 확인받아야 하지 않나요?"

"아니에요. 내일 아침은 괜찮습니다."

브렌다가 차분하게 대답했다.

잠깐 침묵이 흘렀다. 조는 브렌다가 자신을 다른 사람, 그러니까 핀다가 실제로 아는 다른 누군가와 혼동한 게 아닌가 싶었다.

조가 마침내 말을 꺼냈다.

"저기 말입니다. 저는 회장님을 처음 만나는 건데요?"

"네, 알고 있습니다. 선생님께서는 회장님의 거래 비결을 듣고 배우려는 게 아닌가요?"

브렌다가 생기 넘치는 목소리로 물었다.

"네, 맞습니다. 바로 그거죠."

조가 대답했다. 거래 비결? 핀다가 그의 거래 비결을 기꺼이 공유하려 한다고? 이게 웬 횡재냐 싶었다.

"회장님께서는 선생님을 한 번은 만나실 겁니다. 그 후에 회장님이 제시한 조건을 받아들이면 그 비결을 실제로 전수하기 위한 약속을 추가로 정하실 겁니다."

"조건이요?"

조는 실망했다. 이 '조건'이라는 게 말도 안 되게 비싼 컨설팅 수수료 또는 착수금이리라 생각했다. 설령 그 비용은 감당한다 해도 조는 가지지 못한 높은 수준의 자격이 필요할 수도 있다. 그렇다면 굳이 그를 만날 필요가 있을까? 괜한 짓을 하지 않으려면 지금이라도 고상하게 발을 빼는 게 맞지 않을까?

"혹시 그 조건이 무엇인지 알 수 있을까요?"

조가 물었다.

"영감님이 직접 말씀하실 겁니다."

브렌다는 작게 소리 내어 웃으며 대답했다.

조는 그녀가 알려준 주소를 받아 적고서 감사 인사를 한 후 전화를 끊었다. 24시간 안에 그는 브렌다가 말한 '영감님'을 만날 터였다.

그런데 브렌다는 왜 웃은 걸까?

2장

핀다 회장의 거래 비결

이튿날 아침, 조는 브렌다가 알려준 주소에 도착해 커다란 순환도로로 진입했다. 주차 도중 눈앞에 펼쳐진 아름다운 4층 석조 저택은 감탄을 절로 자아냈다. 조는 낮은 소리로 휘파람을 불었다. 보통 집이 아니었다. 저택만 봐도 핀다 회장은 **영향력**을 가진 게 분명했다.

조는 전날 밤 나름의 준비를 했다. 인터넷을 한 시간 동안 검색하면서 그가 만날 인물에 관한 꽤 놀라운 정보를 얻을 수 있었다.

회장님이라고 알려진 이 인물은 각양각색의 사업으로 큰 성공을 거뒀다. 이제 그는 회사 실무에서 거의 손을 떼고 다른 사람들을 가르치며 멘토링하는 일에 전념하고 있었다. 《포천Fortune》 선정 500대 기업 CEO들이 그에게 컨설팅을 받기 위해 줄을 섰고, 가장 잘나가는 기업 행사 기조 연설가로도 인기가 많았다. 그는 일종의 전설이 되었다. 한 기사는 그를 '재계에 감춰진 최고의 비밀'이라고 부르기도 했다.

'이런 게 바로 영향력과 수단이지!'

이런 생각이 조의 머릿속에 떠올랐다.

○ ○ ○

"어서 오게, 조!"

반쯤 잿빛으로 변한 검은 머리를 깔끔하게 빗어 넘긴 몸이 호리호리한 남성이 조를 맞이했다. 그는 하늘색 셔츠에 연회색 재킷과 바지를 입고서 참나무로 된 육중한 현관문 밖에 서 있었다. 60대 초반이나 50대 후반으로 보였다. 인터넷을 꼼꼼하게 검색해도 나이는 알 수 없었다.

그가 보유한 순자산의 가치 또한 정확히는 알 수 없었으나, 소문에 따르면 **천문학적**이었다. 남자의 품격 있고 고상한 태도와 눈앞에 펼쳐진 성은 그것이 사실임을 확인해 주었다. 환히 웃는 표정을 보니 "어서 오게!"라는 말이 진심임을 알 수 있었다.

"좋은 아침입니다, 회장님. 시간 내주셔서 감사해요."

조가 인사했다.

"반갑네. 그리고 정확히 같은 이유에서 **자네**에게 고맙기도 하고."

핀다는 조의 손을 단단히 잡고 악수를 하며 활짝 미소 지었다. 조는 다소 어리둥절해하며 답례의 미소를 지어 보였다.

'저 사람이 내게 뭐가 고맙다는 거지?'

"테라스에서 레이철의 소문난 커피를 한 잔 들지."

집주인은 조를 저택 측면으로 이어지는 작은 석판이 깔린 길로 안내했다.

"이곳으로 불러서 놀랐나?"

"네, 사실 좀 놀랐습니다. 토요일 아침에 처음 보는 사람을 집에 초대하는 재계의 전설이 몇이나 될까 싶네요."

석판이 깔린 길을 걸으며 핀다가 고개를 끄덕였다.

"사실 성공한 사람들은 늘 이렇게 해. 성공할수록 자신의 성공 비결을 타인과 나누려는 마음이 더 크다네."

조는 그게 진실일 수 있다고 애써 믿으며 고개를 끄덕였다.

핀다는 그를 바라보더니 다시 웃어 보였다.

"조, 겉으로 보이는 건 실제와 다를 수 있네. 사실 거의 항상 다르지."

핀다는 조금 더 걷고는 이야기를 계속했다.

"한번은 래리 킹Larry King과 대담을 나눈 적이 있어. 알지? 라디오와 텔레비전에 나오는 진행자."

조가 고개를 끄덕였다.

"래리는 유명하고 성공하고 영향력 있는 사람들을 인터뷰한 적이 많으니까 내 의견을 그가 어떻게 생각하는지 확인해보고 싶었네. 그래서 물었지. '래리, 게스트들이 겉으로 보이는 것처럼 정말 진실합니까? 진정한 슈퍼스타도 그렇습니까?' 래리는 나를 빤히 바라보며 이렇게 말하더군. '흥미롭게도 성공한 사람일수록 더 진실합니다.'"

희한하게도 핀다의 따뜻하면서도 걸걸한 목소리를 처음 듣는 순간부터 조는 마음이 편안해졌다. 이제 깨달았다. 바로 **이야기꾼의 목소리**였다.

핀다가 말을 이어갔다.

"흠, 래리는 내가 한 말을 잠시 곱씹어보더니 이렇게 말했지. '유독 특출하지 않아도 어느 정도의 성공을 거둘 수 있다고 생각합니다. 하지만 우리가 말하는 **천문학적 성공**을 거두려면 내면에 무언가가 있어야 합니다. 진실한 무언가가 말입니다.'"

테라스에 놓인 탁자에 도착하자 조는 주변을 둘러보았다. 탄성이 터져 나오는 것을 간신히 참았다. 발밑에 펼쳐진 도시 전경 너머 서쪽으로 길고 굽이진 산맥이 솜털 같은 구름에 반쯤 가려진 채 뻗어 있었다. 그야말로 절경이었다.

자리에 앉으니 핀다가 레이철이라고 부르는 젊은 여성이 '소문난' 커피가 담긴 주전자를 들고 나타났다. 그녀가 커피 두 잔을 따르는 동안 조는 생각했다.

'내가 이곳에 대해 말해도 수전은 믿지 못하겠지.'

조는 아내인 수전에게 '잠재 고객을 만나러' 간다고만 말했다. 조는 아내가 지금 벌어지는 토요일 아침의 모험에 대해 들으면 어떤 표정을 지을지 상상하며 웃었다.

"와, 래리 킹이요? 대단하네요. 그런데 이 커피, 정말 맛있는데요? 레이철의 커피가 정말 유명한가요?"

핀다가 웃으며 대답했다.

"이 집에서는 유명하지. 내기를 좋아하지는 않지만 만일 이 커피를 두고 내기를 건다면 내가 어느 쪽에 걸 것 같은가?"

조는 고개를 저었다.

"나라면 언젠가 세계적으로 유명해질 거라는 데에 돈을 걸겠네. 레이철은 정말 특별하지. 여기 온 지 1년밖에 안 됐지만 나는 그녀가 머지않아 이곳을 떠날 거라고 생각하네. 내가 커피숍 체인을 시작해보라고 권하고 있거든. 레이철의 커피는 너무나 훌륭해서 누군가와 나누지 않고 혼자 마시기엔 아쉬울 정도야."

“무슨 말씀인지 알 것 같습니다.”

조는 상체를 기울이고서 친한 사이에 하는 말처럼 나지막이 속삭였다.

“만일 레이철이 이 맛을 대량으로 재현할 수만 있다면 두 분 모두 큰돈을 벌 수 있을 겁니다.”

조는 의자에 다시 등을 기대고 앉아 한 모금 더 마셨다.

핀다는 커피잔을 내려놓고서 생각에 잠긴 듯 조를 바라보았다.

“조, 사실 우리가 오늘 아침에 갖는 이 짧은 시간 동안 내가 시작하고 싶은 이야기가 바로 그것이네. 자네와 나는 부의 창출에 대해 서로 완전히 다른 방향으로 접근하고 있어. 우리가 이 길을 함께 가길 원한다면 우선 같은 방향을 바라보면서 시작해야 하네. 잘 생각해보게. 나는 ‘그녀의 커피를 나누라’고 말했지. 그런데 자네는 ‘큰돈을 번다’고 하는군. 차이를 알겠나?”

조는 스스로 아는지 모르는지 확신할 수 없었지만 목을 가다듬고 대답했다.

“아… 그런 것 같네요.”

핀다가 빙긋이 웃었다.

"오해하지는 말게. 돈을 버는 건 잘못이 아니야. 많이 버는 것도 그렇고. 단지 그게 자네를 성공하게 해줄 목표가 아니라는 뜻이지."

조의 당황한 표정을 읽은 핀다가 고개를 끄덕이더니 설명을 해주겠다는 듯 손을 들어 보였다.

"어떻게 성공하는지 알고 싶은 게지?"

조는 고개를 끄덕였다.

"좋아. 이제부터 내 비결을 자네에게 알려주지."

핀다가 상체를 약간 앞으로 기울이면서 부드럽게 한 마디로 말했다.

"베풀게."

○ ○ ○

조는 더 많은 설명이 있을 거라 기대하며 기다렸지만 그게 전부였다.

"네?"

핀다가 빙그레 웃었다.

"베풀라고요?"

조가 핀다의 말을 되풀이했다.

핀다가 고개를 끄덕였다.

"그게 회장님이 이룬 성공의 비결이라고요? 거래의 비결이라고요? **베푸는 게요?**"

"그렇다네."

핀다가 말했다.

"아. 그건 좀…."

"'너무 단순하고 설령 진실이라 해도 믿을 수 없다?' 뭐, 이런 생각을 하는 건가?"

핀다가 물었다.

"네, 그런 것 같습니다."

조가 멋쩍어하며 인정했다.

핀다가 고개를 끄덕였다.

"대부분의 사람들이 그런 반응을 하지. 사실 성공의 비결이 **베풂**이라는 말을 듣고선 다들 웃고 마네."

핀다가 잠시 말을 멈췄다.

"하지만 대부분의 사람들은 원하는 만큼 성공을 이루지 못하지."

조는 핀다의 말에 반박할 수 없었다.

핀다가 설명을 이어갔다.

"알다시피 대부분의 사람들은 이런 마음가짐으로 살아. 벽난로에 가서 '먼저 열기를 줘. 그러면 내가 장작을 넣을게' 또는 은행에 가서 '제게 이자를 줘요. 그러면 예금을 들게요' 같은 태도를 보이지. 물론 세상은 그런 식으로 돌아가지 않아."

조는 찡그린 표정으로 핀다의 논리를 이해하려고 애를 썼다.

"알겠나? 두 방향으로 동시에 갈 수는 없어. 돈 버는 걸 목표로 삼고는 성공하려고 애쓰는 건 눈을 백미러에 고정한 채 시속 110킬로미터로 고속도로를 달리려는 것과 다름없지."

핀다는 생각에 잠긴 듯한 표정으로 커피를 한 모금 더 마신 뒤 조가 생각을 정리하기를 기다렸다.

조는 뇌가 고속도로에서 시속 110킬로미터로 역주행

하는 듯한 기분이었다.

그는 천천히 입을 열었다.

"좋습니다. 그러니까 회장님 말씀은 성공하는 사람들이 베풂이나 공유 같은 데에 집중한다는 건가요?"

핀다가 고개를 끄덕였다.

"그게 곧 성공을 만들고요?"

"바로 그거라네. 이제야 우리가 같은 방향을 바라보게 되었군!"

핀다가 외쳤다.

"하지만… 그렇게 하면 무수히 많은 사람들이 서로를 이용하려 들 텐데요?"

"아주 훌륭한 질문일세."

핀다는 잔을 내려놓고 몸을 앞으로 기울였다.

"대부분의 사람들은 세상을 아무리 써도 줄지 않는 금은보화가 있는 곳으로 보지 않네. 오히려 금은보화가 한정된 곳으로 바라보며 성장하지. 공동 창출이 아니라 경쟁이 세상을 지배하는 논리라고 여긴다네."

핀다가 어리둥절해하는 조를 바라보며 다시 설명했다.

"약육강식이지. 우리 모두 겉으로는 점잖은 척 행동하지만 사실은 누구나 자기 이익을 위해 살지 않나? 그게 핵심이지?"

조는 그게 정말 핵심이라고 인정했다. 어쨌든 그는 그렇게 믿고 살았다.

"자, 그렇지만 사실 그건 진실이 아니네."

핀다가 말했다. 그는 조의 믿기 힘들다는 표정을 보고 계속 설명했다.

"사람들이 원하는 걸 항상 모두 가질 수는 없다*고 하는 말을 들어봤겠지?"

조가 싱긋 웃으며 대답했다.

"롤링스톤스Rolling Stones를 말씀하시는 건가요?"

핀다가 웃으며 말했다.

"사실 나는 사람들이 믹 재거Mick Jagger**보다 훨씬 앞서 그렇게 말했다고 생각하네. 일반적인 생각이지."

---

* 〈원하는 걸 항상 모두 가질 수는 없다(You Can't Always Get What You Want)〉는 영국의 록밴드 롤링스톤스의 노래 제목이다.
** 롤링스톤스의 리드 보컬.

"그게 진실이 아니라고 말씀하시는 건 아니죠? 설마 원하는 걸 항상 **얻을 수 있다**는 건가요?"

핀다가 말했다.

"그 말은 **진리**야. 인생에서 우리는 종종 원하는 걸 얻지 **못해**. 하지만…."

핀다가 몸을 다시 앞으로 숙이더니 지그시 강조했다.

"대신 **자네가 기대하는 것을 얻을 수 있다네**."

조는 다시 찡그린 표정을 지었다. 마지막으로 들은 말이 정말 진리인지 머릿속으로 따져봤다.

핀다는 다시 등을 기대고서 커피를 마시며 조를 바라봤다. 잠시 침묵이 흐른 후 그는 다시 입을 열었다.

"다른 방식으로 표현해보지. '**집중하는 대상을 얻는다.**' 자네도 들어봤을 텐데? '문제를 찾으러 다니면 결국 문제를 발견한다'는 말."

조가 끄덕였다.

"그게 진리야. 그리고 그건 문제에만 국한하지 않네. **모든 것**에 해당하는 진리지. 갈등을 찾아다니면 갈등을 발견하게 되네. 자네를 이용하는 사람들을 찾아다니면 그런 사람들을 만나게 되지. 세상을 약육강식의 장으로 보면 자네를 다음 사냥감으로 보는 덩치 큰 짐승만 발견할걸세. 사람들에게서 최고의 모습을 찾고자 한다면 놀랄 만큼 많은 재능과 창의성과 공감과 선의를 발견하게 될 거야. **결국 세상은 자네가 기대한 대로 자네를 대한다네.**"

핀다는 조가 이해할 틈을 주기 위해 잠시 말을 멈췄다. 그러고 나서 한마디를 덧붙였다.

"조, **자네의 삶**에서 벌어지는 일들에 **자네**가 얼마나 큰 영향력을 미치는지 알게 되면 아주 놀랄걸세."

조는 숨을 내쉬고는 생각을 소리 내어 천천히 정리하며 말했다.

"그러니까 회장님 말씀은 사람들이 저를 이용하지 않을 거라 여기면 실제로도 그럴 거라는 뜻인가요? 주변에 온통 이기심과 탐욕뿐이라도 그것에 집중하지 않으면 제게 별로 영향을 미치지 않을 거라는 말씀인가요?"

갑자기 아이디어가 번뜩 떠올랐다.

"일종의 면역 체계 같은 거네요. 병이 사방에 퍼져 있어도 건강하면 감염되지 않는다?"

핀다가 눈을 반짝였다.

"훌륭하군! 아주 기발한 표현이야."

그는 주머니에서 꺼낸 작은 수첩에 그 표현을 적으며 말을 이어갔다.

"그 표현을 기억해야겠어. 내가 그 기발한 표현을 사용해도 괜찮겠나?"

"물론이죠. 가져다 쓰세요. 제겐 넘쳐나니까요."

조는 과장된 제스처를 취했다. 잠시 말을 멈추더니 덧붙였다.

"아내가 늘 그렇게 말하거든요."

핀다가 작은 수첩을 보이지 않는 주머니에 넣으면서 웃음을 터뜨렸다. 그는 양손을 무릎 위에 올리고서 조를 정면으로 바라봤다.

"조, 자네와 하고 싶은 일이 있네. 자네에게 천문학적 성공을 이루는 다섯 가지 법칙을 보여주고 싶군. 자네가 시간을 좀 낼 수 있다면 좋을 텐데. 일주일 동안 매일 시간을 낼 수 있나?"

"정말인가요? 일주일 동안이요? 아… 제가 시간을 얼

마만큼 낼 수 있는지 잘 모르겠네요."

핀다는 시간은 아무런 의미가 없다는 듯 손을 흔들었다.

"전혀 문제 될 게 없어. 하루에 한 시간이면 충분해. 점심시간은 어떤가? 매일 점심은 먹을 게 아닌가?"

조는 멍한 표정으로 고개를 끄덕였다. 나를 일주일간 매일 만나겠다고? 자기에게 가장 소중한 거래의 비법을 자세히 알려주겠다고?

"하지만 우선 내가 제시하는 조건에 동의해야 하네."

핀다가 말했다.

○ ○ ○

조는 심장이 쿵 하고 내려앉았다. 조건이라. 조건에 대해 완전히 잊고 있었다. 브렌다가 말했다. 핀다의 조건에 동의해야만 다시 만날 수 있다고.

조는 침을 꿀꺽 삼켰다.

"저는 그럴 만한 형편이 되지 않아서…."

핀다가 두 손을 들었다.

"아, 걱정하지 말게. 자네가 상상하는 그런 건 아니야."

조가 입을 열었다.

"혹시 비밀 유지 각서에 서명이라도 해야 하나요? 아니면…."

이 말에 핀다가 크게 웃었다.

"아니야. 비밀 유지 각서 따위는 없어. 오히려 그 반대지. 나는 다섯 가지 법칙을 거래의 비결이라고 부르는데, 사람들이 알길 원치 않아서가 아니라 정확히 그 반대여서 그렇게 부른다네. 사람들이 그것을 **발견하고 추구하도록** 유도하기 위함이지. 그렇게 부르면 그 비결에 맞는 가치가 부여되니까. 이건 '명예'의 문제야."

"무슨 말씀인지?"

조는 무슨 말인지 어리둥절했다.

핀다가 웃으며 말했다.

"말 그대로 **비결**이야. 원래 이 단어는 뭔가 소중한 것을 의미하지. 특별한 가치가 있기 때문에 따로 분류하고 높이 평가하고 **간직하는** 대상이지. 사실 내 뜻대로라면 **모두가** 이 다섯 가지 법칙을 알아야 해."

그는 부연 설명을 했다.

"그게 바로 내가 이 조건을 제시하는 이유야. 조건은 단 하나야. 들을 준비됐나?"

조가 고개를 끄덕였다.

"내가 알려주는 법칙 하나하나를 **몸소 실천**하면서 검증하겠다고 동의하게. 생각이나 말로 하는 게 아니라 자네의 삶에 실제로 적용해야 해."

조가 동의하려는 기색을 보이자 핀다는 저지하며 말을 이어갔다.

"그게 전부가 아니야. 각각의 법칙을 **배운 당일**에 실천해야 해."

조는 농담인가 하는 표정으로 핀다를 바라봤다.

"정말이요? 그날 밤 잠들기 전에요? 그 약속을 지키지 못하면 혹시 제가 호박으로 변하기라도 하나요?"

핀다가 표정이 풀어지더니 싱긋 웃었다.

"호박으로 변하진 않겠지. 하지만 이 조건을 지키지 않으면 다음 만남은 없을 걸세."

조가 더듬으며 말을 이어갔다.

"하, 하지만, 무례하게 들릴지 모르지만 제가 실천하는지 어떻게 아십니까?"

"이 역시 훌륭한 질문이로군. 내가 어떻게 아느냐고?"

핀다는 생각에 잠긴 듯 고개를 끄덕였다.

"나는 알 수 없지. 하지만 자네가 알 것 아닌가. 이건 명예를 시기는 문제야. 내가 알려준 각각의 법칙을 배운 당일에 적용할 방법을 찾지 못하면 다음 날 아침 자네가 브렌다에게 전화를 걸어 다음 약속을 전부 취소할 거라 믿네."

그는 조를 바라봤다.

"자네가 이 제안을 진지하게 여기는지 알고 싶네. 훨씬 더 중요한 건, **자네 스스로** 이 제안을 진지하게 여기는지 알아야 하는 거지."

조는 고개를 천천히 끄덕였다.

"알 것 같습니다. 회장님은 시간을 낭비하고 싶지 않다는 거네요. 충분히 납득이 갑니다."

핀다가 빙그레 웃었다.

"조, 기분 나쁘게 듣지는 말게. 자네에게는 그럴 힘이 없어."

조는 혼란스러워 보였다.

"내 말은, 내 시간을 낭비할 힘이 자네에게 없다는 말일세. 오직 **나만이** 그렇게 할 수 있지. 그리고 사실 나는 오래전에 그 악습을 끊었어. 내가 그런 조건을 제시하는 이유는 자네가 **자네의 시간을** 낭비하는 모습을 보고 싶지 않아서야."

조는 고개를 숙이고 핀다가 내민 손을 바라봤다. 그는 그 손을 꽉 잡고 씩씩하게 흔들었다. 마치 인디애나 존스에 맞먹는 모험을 시작하는 것처럼 온몸에 전율이 흘렀다. 조는 핀다 회장의 시원한 미소에 똑같은 미소로 답례했다.

"좋아요. 하겠습니다."

3장

가치의 법칙

월요일 정오 직전, 조는 무슨 일이 펼쳐질지 궁금해하며 석조 저택에 도착했다. 핀다와 핀다의 친구인 부동산 거물을 만난다는 것만 알고 있었다. 핀다의 친구가 천문학적 성공을 이루는 첫 번째 법칙을 조에게 알려주기로 했다는 말을 들었다.

조는 여전히 이 '베풂'이라는 것에 대해 궁금한 점이 많았다. 과연 이 거래의 비결에 그에게 도움이 될 만한 무언가가 있을지도 궁금했다.

'하지만 회장님에게는 도움이 된 게 확실하잖아.'

조는 양옆으로 나무가 줄지어 선 널따란 도로를 따라 차를 몰며 생각했다. 핀다의 이력과 멋진 저택이 전부가 아니었다.

'회장님은 온몸으로 성공을 내뿜고 있단 말이야. 이건 단순히 돈의 문제가 아니야. 돈보다 훨씬 더 강력한 뭔가가 있어.'

조는 이런 생각을 했다.

주말 내내 핀다와의 약속이 머릿속을 떠나지 않았다. 그 '무언가'가 무엇인지 아직 파악할 수 없었다.

조가 순환도로에 진입한 뒤 돌계단 앞에 차를 세우는 동안 핀다가 서서 기다리고 있었다. 조가 시동을 끄기 전에 핀다가 조수석 문을 열더니 올라탔다.

"자네 차로 가도 되지? 약속에 늦고 싶지 않아서."

조는 크게 실망했다. 레이철의 소문난 커피를 마시지 못하다니.

"이거 받게."

핀다가 안전벨트를 매면서 김이 모락모락 나는 커피

가 든 커다란 머그잔을 건넸다.

"가는 길에 마실 수 있지."

○ ○ ○

20분 뒤 그들은 시내에 자리한 미국식 이탈리아 카페인 이아프라테 앞에 다다랐다. 카페라는 이름과 달리 고객 서비스를 완비한 식당이었는데 이미 내부는 사람들로 꽉 찼고 문 앞에는 대기하는 사람들이 줄지어 서 있었다.

조와 핀다가 건물로 들어서는데 누군가가 너무 붐빈다고 투덜대며 거칠게 사람들을 밀고 지나가다 핀다와 어깨가 부딪쳤다. 놀랍게도 핀다는 그에게 미소를 지어 보였다.

식당 문으로 들어서자 매니저가 다가오더니 둘을 안쪽 자리로 안내했다.

'당연하지. 분명 핀다 회장님은 이곳의 VIP일 거야.'

조는 이렇게 생각했다.

"고맙네, 샬."

핀다가 말했다. 지배인인 살은 핀다에게 고개 숙여 인사를 하더니 조를 보고 윙크를 했다. 이제 보니 핀다는 마주친 모두에게 지나치게 관대했다. 자리에 앉으면서 조는 핀다에게 이유를 물었다.

"친절해서 나쁠 건 없잖나."

핀다가 대답했다.

"젊었을 때의 일이었지. 첫 데이트를 하려고 한 아가씨의 집을 향해 걸어가는 길이었어. 떨렸지. 그녀의 집이 있는 거리로 들어섰는데 어떤 노인이 다가오더니 나와 머리를 부딪치고 발을 밟았어. 그는 앞을 보지 못한다며 당황해하면서 내가 다쳤을까 봐 걱정했지. 나는 '다친 데 없어요' 하면서 그를 안심시켰어. 오히려 '제 머리가 단단하다고 하던데 어르신은 괜찮으세요?' 하고 물었지. 그러자 그가 놀라며 웃더라고. 나는 그에게 좋은 하루 보내라며 인사를 하고 서둘러 여자 친구를 만나러 갔지. 15분쯤 후에 여자 친구의 집에 도착했을 때 그녀가 현관문을 열고 '아빠! 나와 보세요. 데이트할 남자 친구를 소개해드릴게요'라고 외치더군."

핀다는 말을 멈추더니 마치 조가 이야기를 끝맺길 바라는 듯 그를 빤히 바라봤다.

조는 기꺼이 이야기를 마무리했다.

"그녀의 아버지가 길에서 부딪힌 사람이었나요?"

"맞아."

핀다가 동의했다.

"그녀의 아버지는 잠시 가게에 다녀오는 길이었대. 그분은 딸에게 좋은 사람을 골랐다며 칭찬하고서 내가 사려 깊고 예의 바른 청년이라고 말했어."

"연애의 시작이 아주 좋았네요."

핀다가 웃었다.

"정말 그랬지. 그 후로도 쭉 그랬어. 그 아름다운 아가씨가 무려 50년간 내 아내로 살고 있지. 에르네스토!"

핀다는 테이블을 향해 다가오는 셰프를 향해 외쳤다.

"좋은 하루야, 친구!"

젊은 웨이터 한 명이 메뉴판 두 개를 들고 다가왔으나, 조나 핀다가 입을 열기도 전에 에르네스토가 그 웨이터에게 다가와 이탈리아어를 길게 쏟아냈다. 웨이터는 소리

없이 휙 사라졌다.

"에르네스토, 이 젊은 친구에게 자네가 이곳에서 어떻게 시작했는지 말해주게나."

핀다가 말했다.

에르네스토는 조를 바라보더니 말했다.

"핫도그였어."

조는 눈을 깜박였다.

"핫도그라고요?"

에르네스토가 설명하기 시작했다.

"내가 여기 처음 왔을 때, 아, 20년도 더 된 이야기이긴 한데, 당시 나는 세상 물정 모르는 애송이였지. 가진 거라곤 핫도그 가판대를 열 정도의 돈과 권리금이 전부였어. 권리금이 가판대보다 더 비쌌지."

핀다가 껄껄거리며 웃었다. 조는 핀다가 이미 이 이야기를 많이 들었을 거라는 막연한 느낌이 들었다.

"처음에는 힘들었어. 하지만 내겐 몇몇 단골손님이 있었고 입소문도 났지. 한두 해 뒤에는 핫도그 가판대가 시에서 매년 발행하는 안내서에 **명소**로 소개되기도 했어."

에르네스토는 잠시 말을 멈추더니 뒤돌아 그릴 쪽을 바라봤다.

"아, 정말이요? 시에서 가장 훌륭한 핫도그 가게로 선정되었다고요? 대단한데요?"

조가 말했다.

핀다가 미소를 지으며 차분하게 조의 말을 정정했다.

"이 도시에서 가장 훌륭한 식사 **경험**이었지."

에르네스토는 과찬이라는 듯 겸손하게 양손을 들어 올리고서 어깨를 으쓱했다.

"운 좋게도 그런 일이 내게 벌어졌다네."

"결코 얕보는 건 아니지만, 대체 어떻게 핫도그 가게가 동네의 고급 식당들을 앞지를 수 있는 거죠?"

에르네스토는 '누가 알겠어?' 하고 말하듯이 꼭두각시 인형처럼 눈썹과 어깨를 동시에 크게 으쓱했다. 그는 핀다에게 윙크를 하며 말했다.

"운이 좋았던 걸까?"

그는 다시 뒤돌아 그릴을 바라봤다.

"잠시 실례하겠네."

그는 일어서더니 성큼성큼 걸어갔다.

에르네스토가 주방 출입문 안으로 사라지는 모습을 지켜보면서 조가 큰 소리로 말했다.

"범상치 않으신데요?"

핀다가 고개를 끄덕였다.

"아주 대단하지. 에르네스토는 이곳의 수석 셰프야."

"정말이요?"

조가 말했다.

"정말이네. 사실 이 식당의 주인이기도 해."

핀다가 대답했다.

"정말이요?"

조는 흥미를 느꼈다.

웨이터가 음식을 가져다주자 핀다가 고맙다는 인사를 했다. 그는 가지 요리를 한입 베어 먹더니 눈을 감고 만족스러운 소리를 내며 음미했다.

"에르네스토는 예술가야."

"맛있네요."

조가 맞장구를 쳤다.

훌륭한 요리에 빠져들다 보니 수전이 이 식당을 굉장히 좋아할 거라는 생각이 들었다. 조용히 식사를 이어가나 싶더니 금세 다시 핀다가 입을 열었다.

"에르네스토는 현재 여섯 개의 식당을 소유하고 있어. 수억 달러에 달하는 상가도 갖고 있고. 작은 핫도그 가판대에서 시작했는데 말이야."

조는 손에 쥔 은식기를 내려놓고서 맛있게 식사하는 핀다를 바라봤다.

"우리가 **저분**을 만나러 이곳에 온 건가요? 그 부동산 거물이 **저분**이라는 말씀인가요?"

○ ○ ○

핀다가 조에게 속삭이는 사이 에르네스토가 다시 그들의 테이블을 향해 왔다.

"아주 중요한 사실을 알려줄 테니 명심하게. **겉으로 보이는 건 실제와 다를 수 있네.**"

에르네스토가 앉을 자리를 내주기 위해 핀다가 옆으

로 옮겨 앉았다.

"거의 항상 그렇지."

에르네스토는 핀다 옆에 앉았다. 이후 5분 동안 핀다와 그는 조에게 에르네스토의 경력을 간략히 읊어주었다.

청년 에르네스토 이아프라테의 명성은 계속 높아졌다. 그러던 어느 날, 유명 고급 식당들을 마다하고 그의 작은 핫도그 가판대에서 점심을 해결하던 몇몇 기업 임원들의 '눈에 띄었다.'

에르네스토는 자신에 대해 말을 아꼈지만, 이 단골손님들 중 한 명—에르네스토가 '연결자'라고 부르는 인물(조는 이 미스터리한 인물에 대해 나중에 따로 묻기로 했다)—이 결국 에르네스토가 셰프 출신임을 알게 되었다. 청년 에르네스토의 예리한 사업적 감각과 투철한 서비스 정신에 감명을 받은 임원들 한두 명이 투자자들을 모집하여 그에게 식당을 차릴 자금을 지원해주었다.

"불과 한두 해 만에 에르네스토의 작은 카페가 크게 성공해서 그는 가게의 온전한 주인이 되었고 그 과정에서 우리 모두 짭짤한 수익을 거뒀다네."

핀다가 끼어들어 설명했다.

에르네스토는 거기서 멈추지 않았다. 그 일대 식당들을 인수하여 그룹을 설립한 후, 수익의 일부를 인접한 부동산에 투자하기 시작했다. 그렇게 몇 년이 흐르는 사이 그는 이 도시에서 가장 큰 상업용 부동산 소유주 중 한 명이 되었다.

조는 이야기를 들으면서 에르네스토에게 자신이 미처 알아보지 못한 또 다른 면이 있음을 깨달았다. 이 이탈리아인 셰프의 쾌활하고 과장된 겉모습 이면에는 강한 집중력과 목적의식이 있었다. 그 사실을 깨달은 조는 그에게 매료되었다. 임원들이 에르네스토의 미래에 투자한 이유를 납득할 수 있었다.

조는 핀다가 '경험'이라는 단어를 강조한 이유가 있음을 깨달았다. 에르네스토의 가게가 그토록 인기를 끈 건 핫도그가 아니라 핫도그를 파는 '사람' 때문이었다. 그곳은 단순한 식사를 넘어서 식사 **경험**을 제공했다. 핫도그 사는 순간을 잊지 못할 이벤트로 만든 셈이다.

특히 아이들에게 그런 경험을 선사했다고 핀다는 꼭

집어 말했다.

에르네스토가 말했다.

"나는 늘 아이들의 이름을 잘 기억했지."

"그리고 아이들 생일도."

핀다가 말을 이어갔다.

"아이들이 좋아하는 색깔, 좋아하는 만화 주인공, 단짝 친구 이름⋯."

핀다는 조를 힐끗 보며 마지막 단어에 힘을 주었다.

"그 밖의 것들까지도."

에르네스토는 또다시 어깨를 으쓱하며 특유의 몸짓을 보였다.

"어쩌겠어? 난 애들이 좋은걸."

아이들이 부모를 졸라 그의 핫도그 가판대에 오기 시작했다. 머지않아 부모들이 그들의 친구들과 함께 오기 시작했다. 에르네스토는 아이들 못지않게 어른들의 관심사를 기억하는 재주도 뛰어났다.

"누구나 기억되는 걸 좋아하지."

에르네스토가 말했다.

"그리고 그건 사업에서 황금률이나 다름없네. 모든 조건이 동일하다면."

핀다가 덧붙였다.

에르네스토가 핀다의 말을 완성했다.

"사람들은 그들이 알고 좋아하고 신뢰하는 사람들과 일을 함께하고 일을 의뢰하지."

그는 고개를 돌려 조를 바라봤다.

"괜찮은 식당과 훌륭한 식당의 차이를 알고 있나? 장사가 그럭저럭 되는 식당들과 달리, 이곳처럼 **어마어마하게** 잘되는 극소수 식당들의 비결은 무엇일까?"

"물론 음식이 더 뛰어나겠죠."

조가 주저 없이 대답했다.

에르네스토의 즐거운 웃음소리가 그들이 앉아 있는 부스를 채웠다. 몇몇 고객들이 고개를 돌려 바라보고선 미소를 지었다. 웃음이 연못에 인 물결처럼 식당 전체로 퍼져 나갔다.

"아, 정말 감사합니다, 신사분. 미식가로군! 물론 우리 음식이 아주 훌륭하긴 하지만 세 블록 안에 우리 못지않게 훌륭한 음식을 제공하는 식당이 여섯 곳은 된다네. 그런데 장사가 가장 잘되는 날조차 방문 고객의 수가 이곳의 절반밖에 안 되지. 그것도 운이 좋아야 말이야. 왜 그렇다고 생각하나?"

조는 대답하지 못했다.

에르네스토가 설명을 계속했다.

"형편없는 식당은 양과 질 면에서 **딱** 고객에게 받은 돈만큼만 음식과 서비스를 제공하려고 하지. 반면 괜찮은 식당은 받는 돈에 비해 **양질의** 음식과 서비스를 제공하려고 노력한다네. 하지만 **훌륭한** 식당은 상상을 초월하려고 힘쓰지! 목표는 **돈으로도 환산할 수 없을** 만큼 압도적인 음식과 서비스를 제공하는 것이라네."

그는 핀다를 바라보고 나서 조를 향해 고개를 돌렸다.

"영감님이 다섯 가지 법칙을 알려주겠다고 했나?"

조가 신나게 고개를 끄덕였다. 이제 곧 천문학적 성공을 이루는 첫 번째 법칙을 배울 참이었다!

에르네스토는 핀다를 다시 바라봤다.

"내가 말해줘도 될까?"

"계속하시게나."

핀다가 대답했다.

에르네스토는 상체를 앞으로 기울이더니 무슨 음모를 꾸미듯이 속삭이며 말했다.

"당신의 진정한 가치는 당신이 받은 대가보다 얼마나 더 많은 가치를 제공하느냐에 달려 있다."

조는 어떻게 반응해야 할지 몰랐다. 받은 돈보다 더 큰 가치를 주라고? 그게 엄청난 비결이라고?

"죄송하지만… 이해가 잘 안 되네요. 제 말은, 셰프님 이 어떻게 성공했는지는 잘 이해했고 정말 멋진 이야기였 어요. 하지만 꼭 망하는 지름길 같아서요. 거의 돈 벌기를 **꺼리는** 것처럼 들립니다."

"전혀 그렇지 않네."

에르네스토가 손가락을 흔들며 말했다.

"'돈이 되는가?'라는 질문은 나쁜 게 아니야. 오히려 **훌 륭한** 질문이지. 하지만 그게 **첫 번째** 질문이어서는 안 된다네. 자칫 잘못된 방향으로 이끌 수도 있거든.”

그는 조가 잠시 생각할 시간을 주고 나서 다시 설명하기 시작했다.

“**첫 번째** 질문은 ‘이 일이 타인에게 도움이 되는가?’ 혹은 ‘타인에게 가치를 더하는 일인가?’가 되어야 하네. 질문에 대한 답이 ‘그렇다’라면 **그다음**에 ‘이 일이 돈이 되는가?’를 물으면 돼.”

“말하자면, 사람들의 기대를 뛰어넘을 때 그들이 알아서 더 많은 돈을 지불할 것이라는 뜻인가요?”

조가 말했다.

“그렇게 볼 수도 있지.”

에르네스토가 대답했다.

“하지만 핵심은 사람들이 자네에게 돈을 더 많이 지불하게 만드는 게 아니라 자네가 그들에게 더 많이 **주는 거**야. 주고 주고 또 주는 거지. 왜 그래야 하냐고?”

에르네스토가 또다시 어깨를 으쓱하며 말했다.

“그냥 그렇게 하고 싶어서지. 그건 전략이 아니야. 삶의 방식이거든. 그리고 그렇게 해야만 큰돈이 되는 일들이 발생하기 시작한다네."

그는 활짝 웃으며 말했다.

"잠시만요. '돈이 되는 일들이 발생하기 시작한다'고요? 아까 결과는 의식하지 않는다고 하셨잖아요."

조가 말했다.

"맞아. 결과는 의식하지 않아."

에르네스토가 고개를 끄덕였다.

"하지만 그렇다고 해서 그런 일이 발생하지 않는 건 아니라네."

"오히려 그래야만 돈이 되는 일들이 발생한다네."

핀다가 거들었다.

"이 세상의 모든 거대한 부는 제품이든 서비스든 아이디어든 자신이 얻는 것보다 주는 것에 더 큰 열정을 품은 사람들이 창출한 거야. 그리고 그 거대한 부 가운데 많은 부분을 주는 것보다 얻는 것에 더 큰 열정을 품은 사람들이 탕진하지."

핀다가 말했다.

조는 제대로 이해하려고 애썼다. 적어도 성공한 두 사

람이 하는 말이니 말이 되는 것처럼 보였다. 하지만 조가 보기에 자신의 경험과는 들어맞지 않았다.

"저는 어떻게 그렇게 되는지 이해하기가 힘드…."

"아!"

핀다가 검지를 펴고 조의 말을 잘랐다.

조는 얼굴이 하얗게 질렸다.

"왜 그러시죠?"

에르네스토가 활짝 웃더니 몸을 숙이며 말했다.

"영감님이 **조건**에 대해 말하던가?"

조는 잠시 어리둥절했지만 이내 이해했다.

"아, 네, 조건이요."

핀다가 빙긋 웃었다.

"그건 **이해**하는 게 아니라 **실천**하는 거라네."

조는 한숨을 쉬었다.

"맞아요. 그걸 적용할 방법을 찾아야 하죠."

조는 두 남자를 바라보며 말을 덧붙였다.

"안 그러면 제가 호박으로 변신할 거거든요."

두 남자가 크게 웃었고, 조 역시 얼굴을 활짝 펴고 웃었다. 그는 잠시 **영향력과 수단**을 얻기 위한 그의 은밀한 모험에 대해 잊었다.

핀다가 이미 자리에서 일어서 있었다.

"가봐야겠네. 이 청년은 다시 일하러 가야 하거든."

"내일은 누구를 만나나?"

에르네스토가 조에게 물었다.

조는 핀다를 바라봤다.

"내일은 선량한 천재를 만날 거야."

핀다가 대답했다.

"그 CEO 말일세."

"아!"

에르네스토가 고개를 끄덕이며 말했다.

"그 CEO. 아주 좋군. **아주 좋아.** 그의 이야기를 귀를 쫑 긋 세우고 듣게나."

CEO라니! 조는 어떤 사람일까 상상하느라 바빴다.

가치의 법칙

The Law of Value

당신의 진정한 가치는
당신이 받은 대가보다
얼마나 더 많은 가치를
제공하느냐에 달려 있다.

4장

반드시 지켜야 할 조건

핀다를 집에 데려다주고 홀로 사무실에 돌아가는 길에 조는 어지러웠다. 점심시간을 한 장면씩 회상하고 에르네스토의 이야기를 꼼꼼히 다시 살피면서 그가 이룬 성공의 핵심이 무엇인지 꿰뚫어보기 위해 애썼다. 조는 에르네스토의 이야기에 성공의 열쇠가 담겨 있다는 것을 알았지만 어찌 된 일인지 쉽게 알아볼 수가 없었다.

지금까지 들은 천문학적 성공을 이루는 다섯 가지 법칙은 워런 버핏Warren Buffet보다 이웃집 아저씨에게서 들을 법한 이야기 같았다.

'주고 주고 또 주는 거지. 왜 그래야 하냐고? 그냥 그렇게 하고 싶어서지. 그건 전략이 아니야. 삶의 방식이거든.'

조는 생각을 되짚는 동안 마음 한구석에서 무언가가 계속 걸리는 것을 느꼈다. 그리고 사무실로 돌아와 책상에 앉아 평소처럼 일을 하고 나서야 비로소 그게 무엇인지 깨달았다.

'영향력과 그것을 이용할 수단.'

3분기 할당량! 그는 금요일이 오기 전에 BK 건을 수주할 방법을 찾아내야만 했다. 핀다와의 만남이 그 목표에 다가가는 데 도움이 되었던가? 조는 토요일에 있었던 핀다와의 첫 만남을 다시 떠올렸다.

그러자 입에서 신음 소리가 났다. '조건'이 떠올랐다.

○ ○ ○ ○

조는 마치 누군가 그의 신음 소리를 알아채거나 그의 생각을 엿듣지 않았을까 싶어 주위 동료들을 둘러봤다.

그래. 조건이 있었다. 오늘이 가기 전에 첫 번째 법칙을 당장 실천해야 한다.

하지만 어떻게?

조의 무선 전화기가 울렸다. 책상 위에 있는 전화기를 냉큼 집어 들었다.

"조입니다."

"조, 잘 지냈어? 나야. 짐 갤러웨이."

짐의 미안한 듯한 말투를 듣자마자 심장이 내려앉았다. 갤러웨이는 조가 가끔 함께 일하는 변호사였다. 둘은 부부 동반으로 테니스를 친 적도 있었다. 짐은 좋은 사람이었다. 하지만 말투를 보아하니 조의 회사가 짐이 대리하는 다국적 기업과의 계약을 갱신하지 못할 거라는 소식을 전하려는 것 같았다.

"조, 미안해. 애써봤는데, 해외에 더 큰 연줄이 있는 사람이 필요하다고 하네. 방금 전에 통화했어. 내가 할 수 있는 게 별로 없었어."

처음에는 BK 건이더니 이젠 이 계약까지! 조는 실망감이 목소리에 묻어나지 않게 하려고 애썼다.

"괜찮아, 짐. 다음 기회를 노리면 되지."

조는 전화를 끊으려 하다가 전화기를 다시 귀에 대고 말했다.

"이봐, 짐!"

잠시 기다리자 짐의 목소리가 들렸다.

"응, 말해."

"잠깐 기다려봐."

조는 손을 뻗어 맨 아래 서랍을 열었다. 그 안에 그가 전략적으로 모아둔 경쟁사들의 명함이 담긴 파일이 있었다. 조가 한발 앞서기 위해 매일 부단히 노력해야 하는 대상들이었다. 조는 파일을 잠시 뒤지더니 명함 한 장을 찾아냈다.

그 명함을 물끄러미 바라보며 생각했다.

'더 많은 가치를 줘라? 하, 밑져야 본전이지.'

"짐, 듣고 있어? 이 사람에게 연락해봐. 에드 반스라고, 이 사람이 해외에 꽤 강력한 연줄이 있다는 말을 들었어…. 맞아. 경쟁 업체야. 내 생각에 이 사람이 나보다 더 도움이 될 거야."

조는 제 입에서 나오는 말을 듣고 웃어야 할지 울어야 할지 알 수 없었다.

"아니야. 신세 진다고 생각하지 마, 짐. 자네 일이 잘 해결되길 바랄 뿐이야. 이번에 우리 회사가 도움이 못 돼서 아쉽네."

조는 전화를 끊고 수화기를 책상 위에 올려놓은 후, 자신이 방금 한 일이 믿기지 않는 듯 멍하니 있다가 중얼거렸다.

"이 사람 때문에 내 기회를 날려버렸는데… 나는 고객을 **소개해줬다고?** 심지어 **경쟁사**에게 좋은 건수까지 던져주고?"

고개를 드니 거스가 자기 사무실 문 앞에 서서 그를 바라보고 있는 모습이 눈에 들어왔다. 거스는 미소를 지으며 고개를 끄덕였다.

조는 고개를 끄덕이며 답례하고는 다시 서류 작업에 몰두했다.

5장

보상의 법칙

이튿날 정오, 조는 주식회사 '어린이를 위한 학습 시스템'의 안내 데스크 앞에 서 있었다. 60대 후반으로 보이는 체격이 큰 여성이 '마지'라고 적힌 커다란 명패 뒤에 앉아 그를 맞이했다.

"CEO를 만나러 왔나요?"

그녀는 활기차게 묻더니 대답을 기다리지도 않은 채 바로 손을 내밀었다.

"마지예요."

"네, 맞습니다."

조는 대답하면서 그녀의 손을 잡고 악수를 했다. 그는 핀다가 어디 있는지 궁금해하며 초조하게 주변을 살폈다.

"제가 일찍 도착했나요?"

"핀다 회장님을 찾나요? 곧 오겠다고 메시지를 남기셨어요. 걱정 마요. 내가 회의실로 안내해줄 테니. 니콜이 조* 한 잔을 가져다줄 거예요, 조!"

마지는 얼떨결에 농담을 던지며 웃음을 터뜨렸다.

조는 마지를 따라 밝은 복도를 걸어갔다. 마지가 회의실 문을 열어주었다. 조는 발을 들여놓다가 난생처음 본 회의실 모습에 멈춰 섰다. '도대체 이게 뭐야?'

○ ○ ○

조는 잘 닦여 윤이 반질반질한 기다란 마호가니 탁자와 최신 화상 회의 장비를 기대했다. 하지만 예상과 달리

*   'joe'라는 단어에는 커피라는 뜻도 있다.

회의실은 점토가 담긴 통, 온갖 색깔의 파이프 클리너, 색종이 더미, 크레용이 잔뜩 어질러진 작은 나무 탁자들로 꽉 차 있었다. 핑거페인팅 그림이 놓인 아동용 이젤이 벽을 따라 줄지어 서 있었다. 벽에는 그런 그림이 더 많이 걸려 있었다.

하지만 조의 관심을 끈 건 이 방에 무엇이 있느냐가 아니었다.

방을 가득 채운 소란이었다.

20대 후반부터 60대 초반으로 보이는 열두 명가량의 사람들이 동시에 웃고 떠들고 있었다. 모두들 조가 보기에 정신 나간 짓에 열중하고 있었다. 점토 덩어리를 뭉개는가 하면 물감이 묻은 손가락을 이젤에 문지르기도 했다. 한 여성은 손에 파이프 클리너 뭉치를 들고 빤히 바라보고 있었다. 마치 요릭의 해골을 들고 주변을 살피는 햄릿처럼 진지했다.

조는 입이 떡 벌어졌다. 비즈니스 세계에서 벗어나 유치원 교실로 순간 이동을 한 것 같았다.

"이런."

마지가 눈 하나 깜빡이지 않고 문을 닫더니 조를 다음 회의실로 안내했다.

"다른 회의실이었나 봐요."

조는 어안이 벙벙했다. 마지가 다른 회의실에 그를 들여보내고서 문을 닫을 때 간신히 고맙다고 말했다.

조는 방금 본 것과 아주 비슷한 회의실에 홀로 남겨졌다. 그는 회의실 중앙으로 천천히 걸어가 벽을 꽉 채운 그림에서 뿜어져 나오는 생동감과 거침없는 에너지를 놀란 눈으로 바라봤다.

문이 부드럽게 딸깍 소리를 내며 열렸다. 몸을 휙 돌리니 미소를 띤 젊은 여성이 서 있었다. 그녀는 익숙한 스모키 향을 풍기는 프렌치 프레스 커피가 담긴 유리병을 들고 있었다.

○ ○ ○

"안녕하세요, 니콜이에요."

그녀는 환하게 미소를 지으며 인사했다.

"조 맞죠?"

조는 고개를 끄덕였다.

"회장님이 전화하셨어요. 2분 안에 도착하신다고요. 기다리는 동안 커피 좀 드실래요? 아마 마셔본 커피 중 최고일 거예요."

"네, 주세요."

조는 이제야 비로소 제 목소리를 찾았다.

"고맙습니다."

니콜이 잔에 커피를 따르는 동안 조는 방을 둘러보며 물었다.

"제가 이곳에서 CEO를 만나는 게 맞나요?"

"그렇게 들었어요."

니콜이 대답했다.

"제 말은, 정말 **이 방에서** 만나는 건가요?"

그녀는 주변을 둘러보았다.

"다른 회의실과 좀 다르죠?"

"조금요. 뭐랄까… 아주 자유분방하네요."

"고맙습니다."

니콜이 대답했다.

조는 깜짝 놀라 그녀를 바라봤다.

"이 방과 관련이 있으신가요?"

그녀는 방을 주욱 둘러보며 구석구석을 감상하듯 바라봤다.

"제가 이 방과 이 방 안에 있는 거의 모든 것들을 설계했어요."

"자녀가 있으신가 봐요?"

니콜이 달콤하게 웃었다.

"있고말고요! 수백만 명은 될걸요?"

그녀는 조의 표정을 보고서 다시 웃음을 터뜨렸다.

"초등학교 교사였어요. 지금은 아니지만 이곳에서 일하기 전에 선생님이었어요."

니콜이 설명했다.

조는 벽을 다시 바라봤다.

니콜이 미소 지었다.

"믿기지 않겠지만 어른들이 이 방에 모여 많은 일을 해요. 머리가 굳어버린 성인들에게 핑거페인팅과 찰흙 놀이는 믿기 어려울 만큼 큰 도움이 된답니다."

"그렇군요.

조가 말했다. 그는 옆방을 향해 고갯짓했다.

"그렇다면 저 방은…?"

조는 질문을 끝맺을 방법을 찾느라 고심했다. 그건 뭐였지?

"포커스 그룹 같은 건가요? 아니면 학부모들?"

니콜이 웃으며 말했다.

"우리 회사 마케팅 임원들이에요. 또 다른 해외 시장을 개척할 수 있는 아이디어를 내기 위해 브레인스토밍 중이죠."

마케팅 임원들이라고? 조가 질문을 더 하기 전에 방문이 조용히 열리는 소리가 들리더니 거칠면서도 따뜻한 목소리가 들렸다. 그가 아는 이야기꾼의 목소리였다.

"잘 지냈나?"

핀다가 방 안으로 들어오더니 니콜에게 다가가 따뜻하게 악수했다.

"니콜! 이렇게 시간을 내서 나의 젊은 친구를 맞이해

주니 고맙네. 내가 이 친구에게 선량한 천재와 대화해야
한다고 말했거든!"

니콜의 얼굴이 발그레해졌다.

'선량한 천재?' 조는 놀라움을 감추려고 최대한 애를
썼다. 그는 이미 핀다가 말한 CEO와 이야기를 나누고 있었
던 것이다.

"니콜, 이쪽은 나의 새로운 친구 조야. 조, 이쪽은 니콜
마틴이고. 니콜은 이 나라에서 가장 성공한 교육 소프트
웨어 회사를 경영하고 있지."

"너무 젊으신데요!"

조는 이 말을 하며 바보 같다고 생각했지만 니콜은 그
의 또래로 보였다.

"제 고객들만큼 젊지는 않죠."

니콜이 미소를 지으며 대답했다.

핀다가 낮은 나무 탁자 앞에 다리를 꼬고 앉았다. 그러
더니 가져온 커다란 종이 가방 안을 뒤지기 시작했다.

"우리는 미국과 캐나다, 그 밖의 13개국의 학교에 학
습 프로그램을 판매하고 있어요."

니콜이 설명했다.

"최근에 우리 회사는 엄청나게 성장하고 있어요."

니콜이 환하게 미소를 지으며 덧붙였다.

니콜이 말하는 동안 핀다는 가방에서 정성스럽게 개별 포장된 샌드위치 세 개와 작은 생수병 세 개를 꺼냈다.

"자, 어린이 여러분, 점심시간이에요."

○ ○ ○

핀다가 가져온 점심을 먹는 동안 조는 이 회사의 창립자인 니콜 마틴의 이력을 들었다.

니콜은 유능한 초등학교 교사였다. 학부모들은 그녀가 가르치는 방식에 호의를 보였고 학생들도 그녀를 정말 좋아했다. 하지만 니콜은 행복하지 않았다. 암기와 암송하는 법만 가르치도록 설계된 시스템에 손발이 묶인 기분이었다.

시간이 흐르며 그녀는 아이들의 창의력과 지적 호기심을 활용한 게임들을 고안했다. 자신이 만든 게임이 아이들의 학습과 성장에 보탬이 되자 무척 기뻤지만 한 번에 스무 명에서 스물다섯 명의 아이만 도울 수밖에 없다는 데에 좌절했다. 게다가 교사는 박봉이었다.

"제가 보기에, 조는 천문학적 성공을 이루는 첫 번째 법칙을 이미 알고 있는 것 같은데요?"

그녀가 조에게 물었다.

"당신의 진정한 가치는 당신이 받은 대가보다 얼마나 더 많은 가치를 제공하느냐에 달려 있다."

조가 대답했다.

"아주 좋아요. 훌륭해요! 하지만 그것만으로 당신이 받는 돈이 반드시 늘어나는 건 아니에요."

조는 그녀의 말을 듣고 안심했다. 하루 전에 첫 번째 법칙에 대한 에르네스토의 설명을 처음 들었을 때 같은 생각을 했기 때문이다.

"첫 번째 법칙은 당신이 얼마나 **가치 있는** 사람인지 결정해요. 당신이 **잠재적으로** 얼마나 벌 수 있는지를 좌우하죠. 하지만 당신이 **실제로** 얼마를 벌지를 결정하는 건 두 번째 법칙이에요."

니콜은 언젠가 한 학생의 아버지와 면담을 하면서 그녀가 만든 게임을 아이들이 얼마나 좋아하는지, 아이들이 게임으로부터 얼마나 많은 도움을 받고 있는지 설명했다. 학부모가 소프트웨어 엔지니어라는 사실을 알고 있던 니콜은 그에게 게임을 컴퓨터에서 즐길 수 있도록 프로그래밍할 수 있는지 살펴봐달라고 부탁했다. 물론 보수는 지불하기로 했다. 그는 동의했다.

그다음 주, 니콜은 소프트웨어 엔지니어인 학부모를 다시 만났다. 이번에는 소규모 광고 마케팅 업체를 운영하는 학부모와 함께였다. 며칠 뒤, 세 사람은 함께 회사를 차렸다.

니콜은 친구의 친구를 통해 필요한 자본금을 마련했다. 그녀는 그 사람을 '연결자'라고 불렀다. ('또다시 연결자가 등장하는군!' 조는 생각했다. 연결자에 대해 핀다에게 꼭 물어보기로 다짐했다.) 이 신생 교육 소프트웨어 회사는 한두 해 만에 20억 달러 이상의 연 매출을 달성했다. 회사의 창립자이자 CEO인 니콜은 전국의 학교, 홈스쿨링 기관, 교육 연구자를 대상으로 컨설팅도 제공했다.

"우리는 200만~250만 명에 달하는 아동의 삶에 영향을 준다고 생각해요. 그걸 간단히 요약한 게 바로 두 번째 법칙인 보상의 법칙이죠."

니콜이 설명했다.

"당신의 소득은 당신이 얼마나 많은 사람에게 얼마나 많이 도움이 되는지에 정비례한다."

그녀는 잠시 말을 멈췄다가 다시 말했다.

"이렇게도 표현할 수 있겠네요. 당신의 보상은 당신이 얼마나 많은 사람의 삶에 닿았는지에 정비례한다고요."

니콜은 앉아서 조용히 샌드위치를 마저 먹으며 조가 보상의 법칙을 충분히 이해할 시간을 주었다. 잠시 침묵이 흐른 뒤 조가 제 생각을 말했다.

"저는 늘 세상이 불공평하다고 생각했어요. 유명 영화배우나 운동선수 들이 거액을 벌어들이고 기업 대표와 창업자 들이 어마어마한 소득을 가져가는 걸 보면 특히 그랬죠. 아, 기분 나쁘게 하려는 건 아닙니다."

조가 서둘러 말을 더했다.

니콜은 너그럽게 고개를 끄덕이고는 조에게 말을 계속하라며 손짓했다.

"하지만 학교 선생님처럼 훌륭하고 고귀한 일을 하는 사람들은 정작 자신의 가치만큼 보상받지 못하잖아요. 정말 말이 안 되죠. 하지만 이야기를 듣고 보니 단순히 그들이 지닌 **가치**의 문제만이 아니라 **영향력**의 문제로군요."

니콜과 핀다는 조가 이 법칙을 아주 빨리 이해하는 모습에 기뻐하며 뿌듯한 눈빛을 잠시 주고받았다.

"바로 그거예요! 이 법칙과 관련해서 두 가지 놀라운 사실이 있어요. 첫째, 보상의 정도를 당신이 결정하는 거예요. 당신이 하기 나름이죠. 더 큰 성공을 원하면 더 많은 사람을 도울 방법을 찾으면 돼요. 간단하죠."

니콜이 설명했다.

조는 이 말을 잠시 곱씹더니 고개를 끄덕였다.

"또 다른 놀라운 사실은 뭔가요?"

"당신이 벌 수 있는 금액에 **한계가 없다**는 뜻이기도 해요. 왜냐하면 도움을 줄 사람을 **언제든** 더 많이 찾을 수 있으니까요. 마틴 루서 킹 주니어 Martin Luther King, Jr. 목사가 이런 말을 했죠. '누구나 봉사할 수 있으니 누구나 훌륭해질 수 있다.' 바꿔 말하면, '누구나 베풀 수 있으니 누구나 성공할 수 있다'가 되겠죠."

펀다가 조를 유심히 지켜보더니 한마디 했다.

"질문이 있을 텐데."

조는 고개를 끄덕이고는 니콜에게 이렇게 물었다.

"소프트웨어 엔지니어인 학부모와 마케팅 사업을 하는 학부모와의 첫 만남이 궁금하네요. 그들이 대표님의 아이디어를 갖고 도망갈 거라는 생각은 안 들었나요?"

니콜은 어리둥절해했다.

"갖고 도망간다고요?"

"제 말은, 아이디어를 훔쳐 달아나고는 대표님을 배제할 수 있잖아요."

이 말에 니콜이 빙그레 웃었다.

"솔직히 그런 생각은 전혀 해본 적이 없어요. 우리가 좋은 일을 얼마만큼 해낼 수 있을까만 몰두했죠."

니콜은 잠시 생각에 잠기더니 씁쓸하게 웃었다.

"한동안 적응 기간을 겪기도 했어요. 흥미로웠죠. 그 때 비로소 보상의 법칙을 제대로 이해하기 시작했어요. 이 사업이 얼마나 커질 수 있는지 깨닫자 저는 모든 일을 거의 중단했어요. 갑자기 모든 게 너무 불안했거든요."

"왜요? 일이 걷잡을 수 없이 커져서 실패할까 봐 두려 웠나요?"

니콜이 웃었다.

"아니요, 정반대였죠. 일이 걷잡을 수 없이 커져서 **정말 성공할까 봐** 걱정했어요. 저는 세상에 두 부류의 사람이 있 다고 배우면서 자랐어요. **부자가 되는** 사람과 **선행을 하는** 사 람. 그리고 둘 중 하나만 될 수 있지, 둘 다 될 수는 없다고 믿었어요. 부자가 되는 사람들은 다른 모든 사람을 이용 해서 부자가 됐죠. 타인을 진심으로 위하고 봉사하는 사 람들은, 가령 경찰관, 간호사, 자원봉사자, 교사 같은 사 람들은 이 세상의 **선한** 사람들이에요. 그러니 결코 부자가 될 수 없었죠. 그들이 부자가 된다는 건 모순이었어요. 적 어도 저는 그렇게 믿고 자랐어요."

조는 이 이야기에 끌렸다.

"그래서 어떻게 됐나요?"

"저는 제 동업자들이 얼마나 열심히 일하는지 봤어요. 많은 아이의 삶이 어떻게 바뀌는지도 봤고요. 그래서 제 오래된 믿음은 방해만 될 뿐이라는 걸 깨달았어요. **도움이** 되지 않았죠. 그래서 믿음을 바꾸기로 결심했어요."

"결심했다고요?"

조가 물었다.

"네. 결심이요."

"결심한다고 바뀌던가요?

조가 물었다.

"누구나 할 수 있어요."

니콜은 조의 의심스럽다는 표정을 보고 미소를 지었다.

"이야기를 지어내본 적이 있나요?"

조는 놀이방 겸 회의실을 둘러보았다. 유치원 시절이 떠올라 웃음을 터트렸다.

"물론 해봤죠. 그것도 많이."

"삶도 그와 같이 흘러가요. **가난하게 사는 것도, 부유하게 사는 것도 결국엔 선택입니다.** 머릿속에서 결정하는 거죠."

니콜은 관자놀이를 손가락으로 톡톡 두드렸다.

"나머지는 전부 그 선택이 어떻게 현실에서 펼쳐지는가의 문제일 뿐입니다."

조는 핀다와 나눈 토요일 아침의 대화를 떠올렸다. '집중하는 것을 얻게 된다.'

갑자기 옆 회의실에서 크게 '우와!' 하는 소리가 들렸다. 곧이어 우렁찬 환호성이 들리더니 여기저기서 웃고 박수 소리가 들려왔다.

니콜이 웃었다.

"아시아 태평양 시장을 위한 새로운 마케팅 전략을 찾은 것 같네요."

핀다가 일어서더니 점심을 먹은 후 남겨진 포장지와 물병을 정리했다. 조는 니콜과 악수를 하고 시간을 내줘서 고맙다고 인사했다.

"조, 내일은 뭘 할 건가요?"

조는 궁금한 표정으로 핀다를 바라봤다.

"내일 우리는 샘을 만나러 갈 거야."

핀다가 말했다.

"그렇군요. 샘을 좋아하게 될 거예요."

니콜이 말했다.

"샘은 니콜이 최고로 손꼽는 재정 고문이야. 내 고문이기도 하고."

핀다가 설명했다.

핀다가 니콜과 포옹하며 작별 인사를 나누는 동안 조는 방을 다시 둘러봤다. 이젤과 핑거페인팅 작품과 찰흙, 색종이 등 온갖 어린이용 문구 용품들을 보자 한 가지 생각이 떠올랐다.

"저 사람들은 이야기를 만들어내는구나. 이 방에 앉아 이야기를 만들어내는 거야. 그림을 그리고 모형을 만들고 그걸 전 세계에서 실현하는 거지. 2억 달러어치나!"

조는 생각에 잠겨 혼잣말했다.

니콜이 한 말이 떠올랐다. '그냥 만들면 돼요.'

보상의 법칙

The Law of Compensation

당신의 소득은

당신이 얼마나 많은 사람에게

얼마나 많이

도움을 주는지에 정비례한다.

6장

커피 한 잔의 힘

조와 핀다는 차를 타고 시내를 빠져나갔다. 조가 그를 집까지 데려다주는 중이었다. 핀다는 말없이 거리의 풍경을 바라보며 조에게 혼자 생각할 시간을 주었다.

에르네스토와의 점심 식사 후 그랬던 것처럼 조는 이번에도 니콜 마틴과의 대화를 되새기고 있었다. 들은 말을 전부 이해하려고 애썼다.

이 젊은 여성이 그토록 놀라운 성공을 거둘 수 있었던 요인은 무엇일까? 정말 그녀가 말한 보상의 법칙처럼 단순한 것일까?

조가 핀다를 내려주기 위해 그의 저택 진입로에 차를 세우는데 레이철이 작은 꾸러미를 들고 현관 앞에 서 있었다. 핀다가 차에서 내리자 조는 몸을 기울여 열린 문틈으로 레이철에게 인사를 건넸다.

"점심 잘 먹었어요, 레이철. 정말 감사해요!"

레이철이 차로 다가오더니 조에게 꾸러미를 건넸다.

"천만에요."

이내 좋은 향이 났다. 조를 위해 방금 갈아놓은 레이철의 소문난 커피 450그램이었다.

회사로 돌아가는 길에 조는 유치원 같은 회의실의 CEO 니콜 마틴에 대해 생각하며 도대체 어디에 보상의 법칙을 적용할 수 있을지 고심했다. 클레이슨 힐 신탁회사 건물 7층으로 올라가기 위해 엘리베이터 상향 버튼을 누를 때까지도 그는 이 생각으로 마음이 분주했다.

그날 오후, 멜라니는 자리에 꼼짝없이 앉아 분기 보고서를 작성하느라 여념이 없었다. 조가 김이 모락모락 나는 커피 한 잔을 가져다주자 그녀는 깜짝 놀랐다.

"해프앤드해프half-and-half* 조금에 설탕 하나,"

조가 그녀의 책상에 컵을 조심스럽게 내려놓으며 큰 소리로 말했다.

멜라니는 조에게 말한 적이 있는지 기억할 수는 없었지만 분명 그녀가 좋아하는 커피 스타일이었다. 게다가 좋은 향까지! 이제껏 마셔본 것 중 가장 맛있는 커피였다.

이후 30분 동안 조는 7층 직원 모두에게 뜨겁고 맛있는 커피를 한 잔씩 돌렸다. 조가 잘 아는 직원이 있는가 하면, 막연하게나마 알지도, 만난 적도 없는 사람도 있었다. 그래서 이 젊은 야심가가 시간을 내어 3분기 마감 기한을 맞추느라 씨름하는 사람들에게 신선한 커피를 선사하는 걸 보고 다들 놀라면서도 반가워했다. 한두 사람은 말없이 고갯짓으로만 감사 인사를 하며 대놓고 어리둥절한 표정을 짓기도 했다. '이 **사람** 도대체 왜 이러는 거지?' 하고 생각하는 것 같았다.

조가 마지막 커피 한 잔을 들고 자신의 자리로 돌아와

* 우유와 크림을 절반씩 섞어 만든 유제품.

보니 거스가 앉아서 그를 기다리고 있었다.

"거스, 한 잔 더 할래요?"

"고맙지만 괜찮아."

거스가 호기심 어린 눈길로 조를 바라봤다.

"좋아요. 말씀드리죠. 제가 지난주에 물어봤던 분 있잖아요. 핀다? 주말에 그분을 만나러 갔어요."

"아, 그렇다면 이건 과제 같은 건가?"

거스가 물었다.

조는 어깨를 으쓱하며 말했다.

"비슷해요. 어제 저는 '제가 받은 것보다 더 많은 가치를 베풀어야' 했어요."

"아, 그래서 짐 갤러웨이에게 베풀었구먼."

조는 얼굴을 붉혔다. 거스가 **엿들은** 게 분명했다.

"오늘 '도움을 주는 사람의 수를 늘려야' 했거든요."

거스가 조용히 빙그레 웃었다.

"그래서 동료들에게 커피 배달을 한 거로군."

"맞아요. 이걸로 3분기 실적을 뒤집을 수 있을까요?"

거스는 조를 빤히 바라보고 나서야 농담이라는 걸 깨

달았다.

“제가 생각해낸 유일한 방법이었어요. 게다가 이건 그냥 커피가 아니에요. 레이철의 ‘소문난’ 커피라고요.”

조가 덧붙였다.

거스는 싱긋 웃더니 자리에서 일어섰다.

“그분을 만났다고 하니 듣던 중 반가운 소리군. 한번 말해보게나.”

“뭘요?”

거스가 사무실을 둘러보았다.

“이 모든 사람에게 베푸는 기분이 어땠나?”

조는 그의 시선을 따라가다가 다시 그의 눈을 봤다.

“솔직히 말할까요? 바보 같았어요.”

거스가 다시 웃더니 몸을 기울이고서 말했다.

“때로는 이따금 바보처럼 느껴지고 심지어 바보처럼 보인다 해도 그냥 할 일을 하면 되네.”

거스는 이 말을 남기고 사무실 바깥에 놓인 옷걸이에서 그의 트위드 재킷을 내리더니 퇴근했다.

7장

레이철의 소문난 커피

이튿날, 조가 핀다의 집을 방문했을 때 레이철은 그를 서재로 안내하고는 커피 한 잔을 내주었다. 조는 커피를 기쁘게 받아 마셨다.

"영감님께서 곧 오실 거예요."

레이철이 킥킥 웃으며 말했다.

"아, 그 '영감님'이라는 말을 서너 번 들은 것 같아요. 왜 다들 회장님을 그렇게 부르는 거죠? 무슨 의미라도 있나요?"

레이철이 들고 있던 작은 쟁반을 내려놓더니 커다란 등받이가 있는 의자에 몸을 기댔다.

"회장님 나이가 몇 살이라고 생각해요?"

레이철이 물었다.

"글쎄요. 잘 모르겠어요. 쉰여덟? 쉰아홉? 아니면 60대 초반?"

"비슷해요. 일흔여덟이죠."

레이철이 활짝 웃으며 말했다.

"설마요!"

조가 외쳤다.

"70대 후반인데도 회장님은 제가 아는 사람들 가운데 가장 젊은 축에 속해요. 회장님이 얼마나 에너지 넘치고 열정적인지 눈치챘죠? 호기심은 또 얼마나 많으신지…. 늘 뭔가에 **관심**을 둔 것처럼 보이지 않나요?"

조가 고개를 끄덕였다.

"회장님은 그 나이의 절반밖에 안 되는 사람들보다 더 많이 일하고 더 많이 여행하고 더 많이 성취하시죠. 아무도 회장님을 따라잡지 못해요."

"정말요?"

조에게는 펀다가 열정적인 사람으로 보이지 않았다.

"하지만 항상 뭐랄까… 여유가 많아 보이죠."

레이철이 웃었다.

"물론 회장님은 여유 있어 보여요. **실제로 여유가 있기**도 하고요. 불안해하고 초조해한다고 더 많이 이루는 건 아니죠."

조는 레이철이 핵심을 찔렀음을 인정할 수밖에 없었다. 그는 많은 일을 해낼수록 많은 스트레스에 시달릴 수밖에 없다고 믿어왔다. 하지만 스트레스를 심하게 받아도 그만큼 성취하지 못한 사람들을 여럿 알고 있었다.

"오늘은 누구를 만날 건가요?"

레이철이 물었다.

"샘이요. 회장님의 재정 고문."

"아, 샘. 샘을 좋아하게 될 거예요."

레이철이 미소를 지으며 말했다.

'다들 그렇게 말하는군.'

조는 생각했다.

"물론 좋아하게 될 거라네."

핀다가 서재 문에 서서 환히 웃고 있었다.

"모두가 샘을 좋아하거든!"

이야기꾼의 목소리를 듣자마자 조는 마음이 편해졌다. 레이철도 그렇게 느낀 것 같았다. 조는 **모든 사람**이 그럴 거라고 생각했다.

○ ○ ○

조는 커다란 철제 대문을 빠져나와 시내를 향해 차를 몰면서 레이철과 나눈 짧은 대화를 떠올렸다. 그는 핀다에게 그녀에 대해 물었다.

레이철은 가난한 동네 출신으로, 겨우 열다섯 살에 살림에 보탬이 되고자 일을 시작했다고 했다. 그녀는 닥치는 대로 가리지 않고 일했다. 청소, 조경, 전화 응대, 서빙, 간단한 요리, 건설 노동, 페인트칠 등 안 해본 일이 없었다. 그렇게 다양한 일을 하면서 돈을 벌어 제힘으로 대학을 졸업했다.

물론 레이철이 유독 더 좋아하는 일들이 있었다. 하지만 그녀는 모든 일을 **아주 좋아한다**고 여기며 임했다. 좋아하든 싫어하든 상관없이 모든 일을 **생존**하고 **저축**하고 **봉사**할 수 있는 기회라고 여기며 열심히 했다.

"생존하고 저축하고 봉사한다고요?"

조가 끼어들었다.

"무슨 좌우명 같은데요?"

"물론 그렇게 들릴 수 있지."

핀다가 동의했다.

"그 세 가지가 일하는 보편적인 이유라네. **생존**은 먹고 살기 위한 기초적인 필요를 충족하는 거지. **저축**은 기초적인 필요를 뛰어넘어 삶을 확장하는 거고. **봉사**는 주변 세상에 기여하는 거야."

조는 니콜 마틴이 초반에 성공을 두려워한 것을 떠올렸다. '도움이 되지 않잖아요' 하고 그녀가 말했었다.

"안타깝게도 대부분의 사람들은 평생 첫 번째 것에만 매달리지. 그보다 적은 수의 사람들이 두 번째 것에 몰두해. 하지만 정말로 성공하는, 즉 재정적으로만이 아니라 삶의 모든 면에서 **진정으로** 성공하는 극소수는 세 번째에 줄곧 집중한다네."

핀다가 말했다.

생존, 저축, 봉사라. 핀다가 레이철 이야기를 계속하는 동안 조는 마음속으로 이 세 단어를 되뇌었다.

약 1년 전, 핀다는 동네 서점에서 책 몇 권을 샀다. 당시 레이철은 그곳 카페의 매니저가 되기 위해 일하고 있었다. 핀다는 책을 산 후 카페에 들러 커피를 마셨다.

당시 레이철이 핀다에게 이렇게 말했다.

"지금 커피를 새로 내리고 있어요. 급하지 않으시면 소파에 앉아서 기다리실래요? 준비되는 대로 가져다드릴 게요."

레이철의 이러한 태도는 핀다에게 깊은 인상을 남겼다. 커피를 맛보고 난 후 핀다는 더 큰 감동을 받았다.

레이철은 정말 맛있는 커피를 만드는 뛰어난 재주가 있었다. 가장 훌륭한 풍미를 낼 수 있는 원두를 선별해 섞고 볶고 갈아서 맛있는 커피를 내리는 타고난 감각이 있었다. 시간과 온도의 균형을 완벽하게 맞추는 장인의 솜

씌었다. 기계도 아주 깔끔하게 유지했는데, 쓴맛을 내는 기름이 쌓이지 않게 하는 법과 가장 깨끗한 물을 선별하는 법을 알고 있었다. 레이철의 커피는 늘 맛있었다. 아니, 맛있는 것 이상이었다.

"사람들이 레이철에게 비결을 물을 때마다 그녀는 웃으며 자신의 몸에 8분의 1쯤 콜롬비아인의 피가 흘러서 그렇다고 대답하지."

핀다가 조에게 말했다.

마침 핀다와 그의 아내는 그들 집에서 일하던 요리사가 5성급 호텔의 셰프 자리를 제안받아 떠나게 된 터라 그를 대신할 사람을 찾고 있었다. 핀다가 보기에, 요리하는 법을 알고 이 정도로 훌륭한 커피를 만들 수 있는 사람이라면 후임 요리사로 완벽했다. 게다가 레이철도 대학의 마지막 학기를 마친 직후라 핀다의 집에서 일하는 게 가능했다.

그는 그 자리에서 바로 레이철을 고용했다.

레이철은 곧 핀다의 저택을 방문하는 기업인들 사이에서 큰 인기를 얻었다. 그중에는 미국 최대 기업들의

CEO들도 있었다. 심지어 몇몇은 레이철을 스카우트하고 싶다는 의사를 내비쳤지만 핀다는 그런 시도라도 한다면 더는 컨설팅을 해주지 않겠다고 농담처럼 으름장을 놓았다. 이 말을 들은 한 CEO는 '소문난' 커피를 한 모금 마시고 길게 음미하며 이렇게 중얼거렸다.

"그렇군. 그렇다면 나는 컨설팅을 포기해야겠네."

핀다는 이 농담에 크게 웃었고 조도 따라 웃었다. 더불어 조는 레이철의 이야기에 무언가가 더 있다고 느꼈지만 다음을 기약해야 했다. 목적지에 도착했기 때문이다.

8장

영향력의 법칙

리버티 생명보험 금융회사의 지점은 이 도시의 금융 지구 한복판에 있는 가장 높고 우아한 건물의 꼭대기 층에 자리했다.

건물의 스물네 개 층 대부분은 시에서 가장 잘나가는 투자 기업과 로펌 들이 임대 중이었다. 그중 22층과 23층을 리버티 생명이 차지하고 있었는데, 핀다와 조가 방문하려고 하는 샘의 사무실은 24층 전체를 쓰고 있었다.

정문을 들어섰을 때 핀다가 경비원에게 그들의 방문

을 알렸다. 두 사람은 아름답게 꾸며진 로비를 지나 통유리로 된 엘리베이터를 탔다. 엘리베이터 테두리는 정교한 실 세공으로 장식되어 있고 바닥에는 감청색의 푹신한 카펫이 깔려 있었다.

"보험이 아주 잘 팔리나 봐요."

조가 속삭였다.

"이곳이 세계에서 가장 성공한 금융회사에서 가장 성공한 지점이야."

핀다가 속삭이며 대답했다.

"자네는 이제 곧 이 지점 수익의 4분의 3 이상을 홀로 거둬들이는 인물을 만나게 될 거야."

○ ○ ○

"자네가 조로군!"

백발의 신사가 활짝 웃으며 양손으로 조의 손을 잡고 씩씩하게 흔들었다. 그의 목소리는 마치 경첩이 삐걱대는 소리 같았다.

"영감이 드디어 재미있게 대화할 수 있는 사람을 데려왔군. 이 친구는 지루하거든!"

샘이 핀다의 어깨를 툭 치며 말했다.

샘은 껄껄 웃으며 두 손님을 화려한 가죽 소파로 안내했다. 조는 사무실을 둘러보았다. 24층의 널찍한 공간은 사무실이라기보다 비행기 격납고에 가까웠다. 둥근 천장과 거대한 채광창은 얼핏 봐도 6미터 상공에 있는 것 같았다. 사무실 벽면은 두 개의 통유리로 되어 있어 도시 너머로 뻗은 환상적인 산맥을 볼 수 있었다.

조는 풍경에서 눈을 떼고 핀다와 샘의 대화에 집중하려고 했다. 둘은 샘의 경력을 읊는 중이었다.

샘 로즌은 고군분투하며 보험설계사로 경력을 시작했다. 세월이 흐르며 그는 남달리 공정한 사업가라는 평판을 얻었다. 그러자 사람들은 그에게 협상가 역할을 맡겼고 더 어려운 거래에서는 중재자 역할을 요청하기 시작했다. 리버티 생명에서 최고의 세일즈맨 자리에 오른 뒤 그는 영역을 넓혀 특정 고객들을 대상으로 종합 자산 관리를 해주는 재정 자문으로 일하기 시작했다.

샘은 60대 초반에 다시금 방향을 틀었다. 비영리단체, 특히 금전적 어려움을 겪는 저소득층과 노숙자, 굶는 사람들을 지원하는 단체들과 일하기 시작했다. 현재 샘은 주에서 가장 왕성하게 활동하는 자선가로, 세계 곳곳의 자선단체들을 대표하여 큰 거래의 협상을 진행하는 데에 많은 시간을 보내고 있다.

"약 30년 전에 내가 샘을 처음 만났을 때, 그는 이미 매출 4억 달러를 초과 달성한 상태였지. 이 회사가 설립된 이래 단연 최고였어."

핀다가 말했다.

"세계 최고의 보험 판매원이시군요."

조가 조심스럽게 입을 열었다.

"그랬지, 그랬어."

샘이 동의했다.

"하지만 일을 처음 시작할 때 나는 최악이었어! 보험을 파는 걸 목표로 삼았을 때는 형편없었다네. 처음 몇 년간 나는 뒤집힌 거북이 같았지. 그런데 어떻게 상황을 역전시키고 우뚝 설 수 있었는지 말해줄까?"

조가 검지를 들더니 말했다.

"제가 추측해볼까요? '받는 대가보다 더 많은 가치를 베풀라'는 원칙을 실천한 게 아닐까요?"

"나쁘지 않은데?"

샘이 말했다.

"관심을 내가 무엇을 **얻을** 수 있을지에서 무엇을 줄 수 있을지로 옮기니 일이 잘 풀리기 **시작**했어. 하지만 보험 업계에서, 아니, 실제로 **모든** 업계에서 **인맥을 구축**하는 법을 아는 게 무엇보다 중요해."

샘이 조를 정면으로 응시했다.

"내가 말하는 '인맥'이 무슨 뜻인지 알겠나?"

조는 방금 전까지 인맥에 대해서라면 꽤 잘 안다고 자부했음에도 뜻밖의 질문을 받자 얼떨결에 고개를 저었다.

"그러니까, 네… 안다고 생각했는데… 사실은 모르는 것 같네요."

조가 말꼬리를 흐렸다.

샘의 눈이 따스하게 반짝였다.

"늘 그렇듯 영감 말이 또 맞구먼. 내가 자네를 좋아하게 될 거라고 했거든."

조는 얼굴이 붉게 달아올랐다.

샘이 설명을 계속했다.

"여기서 말하는 **인맥**이라는 게 반드시 고객을 의미하지는 않네. **자네를 알고 좋아하고 신뢰하는** 사람들로 구성된 인맥을 말하는 거야. 자네에게서 아무것도 사지 않을지언정 마음 한구석에 늘 자네를 품고 있는 사람들이지."

샘은 상체를 숙이더니 좀 더 강한 어조로 말했다.

"개인적으로 자네가 성공하는 모습을 보는 데 투자하는 사람들이야. 알겠나? 물론 그건 자네도 그들에 대해 같은 마음을 품고 있기 때문이지. 그들은 **자네 개인을 위한 걸어 다니는 홍보 대사단**인 셈이야. 자네만을 위한 홍보 대사단을 갖게 되면 자네가 감당하기 어려울 정도로 빠르게 의뢰가 밀려들걸세."

조는 항상 스스로 인맥 쌓기를 아주 잘하는 사람이라고 생각했지만, 제가 행한 업무상의 교류와 인간관계를 전부 다시 살펴보게 되었다. **걸어 다니는 홍보대사단**이라. 저 표현이 나의 인맥에도 들어맞나? 내가 아는 모든 사람이

나의 성공을 보는 데 투자했던가?

저 설명에 들어맞는 사람이 한 명이라도 있을까?

샘이 이번에는 차분한 목소리로 말했다.

"조, 자네는 이런 인맥이 어떻게 형성되는지 알고 싶을 거야. 그렇지?"

조는 고개를 들고 샘의 눈을 마주 보았다.

"네."

샘의 눈이 조를 뚫어지게 응시했다.

"**점수 매기는 짓을 그만두게.**"

조가 눈을 깜박였다.

"그게, 그게 무슨 뜻이죠?"

샘이 의자에 등을 기댔다.

"말 그대로야. 기록하지 말게나. 그건 인맥을 쌓는 게 아니야. 포커지. 사람들이 '윈윈Win-Win'이라고 말하는 게 뭔지 알지?"

조가 고개를 끄덕였다.

"양쪽 모두에게 이득이 되는 해법을 찾으라는 거죠."

샘이 고개를 끄덕였다.

"맞아. 멋진 말이지. 이론상으로는. 하지만 보통 사람들이 말하는 '윈윈'은 점수 계산을 위장한 것에 불과하네. 모두가 똑같이 나눠 가지고 아무도 더 많은 이득을 보면 안 된다는 식이지. 서로 '퉁치는' 거야. 내가 네 등을 긁어 줬으니 이제 네 차례라는 거야."

그는 슬프다는 듯 고개를 저었다.

"일에서든 삶에서든 간에 '누가 누구에게 신세 졌는가'로 인간관계를 따진다면 그건 **친구가 아니라 채권자일** 뿐이야."

조는 지난 금요일에 제가 전화로 했던 말이 떠올랐다.

'이봐, 칼. 저번에 나한테 신세 졌잖아! 하지스 건을 따 낼 때 누가 도와줬는지 잊었어?'

샘이 다시 몸을 앞으로 숙였다.

"자네는 천문학적 성공을 이루는 세 번째 법칙을 알고 싶은 게지?"

조가 고개를 끄덕였다.

"정말 궁금합니다."

"**상대에게 주의를 기울이게. 상대의 관심사에 주의를 기울**

이고 **상대**의 뒤를 살피게. 50 대 50은 잊어버려. 50 대 50
은 결국 지는 거래야. 이기는 비율은 오직 100퍼센트뿐이지.
승리를 상대방에게 돌려야 하네. '윈윈' 같은 건 잊고 상대
의 승리에만 집중하라고. 조, 세 번째 법칙은 영향력의 법칙
이라네."

"당신의 영향력은 타인의 이익을 얼마나 앞세우는지에 따
라 결정된다."

조는 세 번째 법칙을 천천히 되뇌었다. 그리고 머뭇거
리며 핀다를 바라보다가 다시 샘에게 고개를 돌렸다.

"굉장히 고상한 원칙처럼 들리네요. 하지만 이해가 잘
되지 않습니다."

조가 말을 꺼냈다.

샘이 그를 빤히 응시했다.

"그게 어떻게 **성공**의 법칙이 될 수 있는지 이해가 잘
되지 않는다는 건가?"

조는 안도하며 고개를 끄덕였다.

"그렇습니다."

샘은 핀다를 바라보더니 마치 대신 설명해주라는 듯 조를 향해 고갯짓했다.

핀다가 입을 열었다.

"자네가 타인의 이익을 앞세우면 자네의 이익은 항상 보장된다네. 항상 말이야. 이것을 진정한 깨달음에 따른 자기 이익 추구라고 부르는 사람도 있지. 타인의 이익을 먼저 살피면 자네가 필요한 것을 얻게 되리라는 믿음을 품고 타인에게 무엇이 필요한지 살피는 거야."

샘이 고개를 끄덕이며 조가 이 법칙을 이해하기 위해 애쓰는 모습을 잠시 바라보더니 다시 입을 열었다.

"말해보게. 자네가 사람들에게 무엇이 영향력을 만드는지 묻는다면 대부분 뭐라고 대답할 것 같은가?"

조는 주저하지 않고 대답했다.

"돈과 지위요. 탁월한 업적들이 쌓여도 영향력을 만들 수 있겠죠."

샘이 활짝 웃으며 고개를 끄덕였다.

"그래! 바로 그거야. 사람들은 바로 그렇게 말할 거야.

하지만 그건 진실과 정반대라네! 그런 것들은 영향력을 **만들지** 않아. 반대로 영향력이 **그런 것들**을 만들지. 이제 자네는 무엇이 **영향력**을 만드는지 알 거야."

조가 눈을 깜빡이며 말했다.

"타인의 이익을 가장 앞세우면 되네요."

샘이 아주 흐뭇한 미소를 지었다.

"이제야 이해했군."

○ ○ ○

조는 핀다를 따라 엘리베이터로 갔다. 나란히 서서 엘리베이터 문이 닫히는 것을 바라보았다. 엘리베이터가 내려가기 시작하자 핀다가 침묵을 깨며 말했다.

"샘이 어떤 사람인 것 같은가?"

"놀랍고 훌륭하고 매력적이시네요."

"흠. **매력적**이라."

핀다는 이 단어를 곰곰이 생각하는 것처럼 보였다.

"니콜은 어땠나? 니콜도 **매력적**이라고 생각하나?"

"물론이죠. 제가 살면서 만났던 사람들 가운데 가장 깊은 인상을 남긴 사람에 속하죠."

핀다가 조를 바라보더니 말했다.

"니콜을 그렇게 만든 요인이 무엇이라고 생각하나?"

조는 곰곰이 생각해야 했다. 니콜을 그토록 인상적으로 만든 요인은 **무엇**이었을까?

"잘 모르겠네요. 니콜은… 어쨌든 **매력적**이에요."

핀다가 빙긋이 웃었다.

"샘처럼?"

매력적인 젊은 교사와 쉰 목소리의 나이 든 금융인만큼 대조되는 조합은 상상하기 어려웠지만 분명 둘은 아주 비슷했다. 게다가 그들만이 아니었다.

"그러고 보니 에르네스토도 그랬어요. 그리고…"

조는 "회장님도 마찬가지예요!"라고 말하려다가 입을 다물었다.

그는 핀다를 빤히 쳐다봤다.

"그게 뭐죠? 회장님은 아시잖아요. 그렇죠?"

땡! 엘리베이터가 1층에 도착했다. 문이 열리자 핀다

가 먼저 나가라고 손짓했다. 두 사람이 대리석과 강철과 유리로 된 건물의 웅장한 로비를 걸어가는 동안 핀다가 딱 한마디를 던졌다.

"베풂이라네."

"네? 베푸는 게 어떻다는 거죠?"

"그들의 공통점이 베푸는 거라네."

그는 곁눈질로 조를 바라보며 미소를 지었다.

"사람을 매력적으로 만드는 게 무엇일지 생각해본 적 있나? 말 그대로 끌어당기는 듯한 매력 말이야."

핀다가 거대한 유리문을 밀었다. 두 사람은 9월의 따스한 햇볕 아래로 걸어 나갔다.

"그들은 주는 걸 좋아해. 그래서 매력적인 거지. **베푸는 이들은 사람을 끄는 매력이 있어.**"

그들은 조의 차를 향해 말없이 걸어갔다.

'베푸는 사람은 사람을 **끄는** 매력이 있다.'

조는 생각했다.

'그게 바로 영향력의 법칙이 작용하는 원리로군. 베푸는 사람을 **매력적으로 만드니까.**'

영향력의 법칙

The Law of Influence

당신의 영향력은

타인의 이익을

얼마나 앞세우는지에 따라

결정된다.

9장

수전의 쪽지

　그날 오후 조가 사무실로 돌아왔을 때 사무실은 완전히 난리법석이었다. 컴퓨터 시스템이 몇 분간 다운된 후 복구하는 과정에서 사흘 치 계정 기록과 서신이 날아가버렸기 때문이다. 모두가 미친 듯이 서류를 뒤지며 출력된 자료를 보고 데이터를 시스템에 다시 입력하고 있었다.

　자리로 복귀해서 늘어만 가는 서류 더미를 들여다보는 동안 조의 머릿속에서 샘 로즌, 핀다, 영향력의 법칙에 대한 생각은 전부 증발해버렸다.

7시가 되어서야 비로소 조는 서류가 잔뜩 든 가방을 챙겨 퇴근길에 오를 수 있었다. 신음 소리가 절로 나왔다.

차에 올라탄 뒤에도 머릿속은 온통 일에 대한 생각뿐이었다. 25분 후 정신을 차리고 보니 집 앞 도로였다.

시동을 끄고 앉아 엔진이 식으며 내는 딸깍딸깍하는 소리를 들었다. 한 번 누르기만 하면 생각을 멈출 수 있는 시동키가 있으면 얼마나 좋을지 생각했다. 매일 점심시간마다 천문학적 성공을 거두는 법칙들을 배우느라 시간을 낭비하는 건 아닐까? 이런 배움이 반드시 달성해야만 하는 3분기 할당량을 채우는 데 도움이 될까?

조는 교외에 자리한 자신의 듀플렉스duplex* 형식의 집 앞에서 현관문을 바라보며 한숨을 쉬었다.

수전은 이미 한 시간 전에 귀가했을 것이다. 그녀도 조만큼 지쳤을 테고 조만큼 치열한 오후를 보냈으리라.

집에 들어가 보니 수전이 부엌 오븐에서 뭔가를 꺼내고 있었다. 그녀가 조에게 늦었다거나 저녁밥이 조금 식

* 벽을 사이에 두고 두 세대가 거주할 수 있도록 지은 두 가구용 주택. 각각의 세대는 독립된 출입구와 생활공간을 갖는다.

었다거나 하는 말을 할 필요가 없었다. 그녀 자신이 너무 지쳐서 신경 쓸 여력조차 없다는 말도. 그녀의 몸짓만 봐도 얼마나 지쳤는지 알 수 있었기 때문이다.

무기력한 저녁 식사를 하는 동안 두 사람은 누가 얼마나 더 힘들었는지 대결하듯 대화를 주고받고는 식탁을 정리했다. 조는 아내에게 웅장한 리버티 빌딩에서 가진 만남에 대해 말해주고 싶었으나 이내 입을 다물어버렸다.

지난 토요일, 조가 핀다의 첫인상을 들려주자 수전은 호기심을 보였다. 하지만 월요일 저녁에 에르네스토에 대해 말하려고 하니 아내는 이렇게 대꾸했다.

"그 사람이 정말 식당 주인 맞아?"

이 말을 한두 차례 되풀이하더니 조의 이야기에 더 이상 빠져드는 것 같지 않았다. 어제 그가 니콜 마틴의 유치원 같은 회의실에 대해 말하기 시작하자 수전은 눈을 굴리더니 "농담하지 마" 하고 일축해버렸다.

조와 수전 사이에는 일종의 불문율이 있었다. 둘 다 스트레스를 많이 받는 직업이어서 지칠 대로 지쳐서 귀가하는 데다가 적어도 한두 시간씩은 잔업으로 야근해야 했다. 그래서 이런 불문율을 정했다.

"각자 최대 30분간 불평하는 시간을 갖는다. 그 이상은 안 돼."

오늘 밤 수전은 그 30분을 이미 다 써버렸다. 조는 침대 끝에 앉아 수전이 말하는 동안 어떻게든 공감을 해보려고 최선을 다했다. 속으로 한숨을 쉬며 무슨 말을 해야 아내의 기분이 나아질지 생각했다.

문득 조는 수전이 말을 멈추고 그를 바라보는 것을 알아챘다.

"미안. 8시 반이 다 되었네."

수전이 부드럽게 말하면서도 지친 한숨을 쉬었다.

"내가 밑도 끝도 없이 하소연을 해버렸네."

수전은 힘없이 미소를 지었다.

"당신도 할 일이 있을 텐데."

그녀는 몸을 돌리면서 조에게 말한다기보다 혼잣말하듯 중얼거렸다.

"공평해야지."

조는 말을 하려고 입을 열었으나 다시 다물었다.

'공평해야지.' 이 말에 조의 머릿속에 무엇을 떠올랐을까? 왜 그렇게 이 말이 잘못된 것처럼 들릴까? '50 대 50은 결국 지는 거래야.' 샘이 한 말이었다. '내가 등을 긁어주었으니 이젠 네 차례다… 그건 친구가 아니라 채권자일 뿐이야.' 그들의 결혼 생활이 그렇게 되어버린 걸까?

조의 입에서 불쑥 생각지도 못한 말이 튀어나왔다.

"아니야. 수전, 잠깐만. 나 할 일 없어."

수전은 고개를 돌리고서 조를 바라봤다.

"하던 이야기 계속해. 무슨 일이 있었는지 듣고 싶어. 정말이야."

○ ○ ○

수전은 남편에게서 중력의 법칙이 사라졌다는 말이라도 들은 듯 멍하니 그를 바라봤다.

"정말?"

"그럼. 당신 힘들었겠네. 그래서 어떻게 됐는데?"

조가 말했다.

수전은 침대 위에서 옆으로 다가와 그를 바라봤다.

"정말이야. 일은 나중에 해도 돼."

조가 말했다.

수전은 천천히 그녀의 하루에 대해 다시 말하기 시작했다. 특히 동료와 겪고 있는 갈등이 유독 힘들다고 토로했다. 잠시 후 그녀는 말하다 말고 다시 조를 바라봤다.

조는 고개를 끄덕이며 아내가 말을 잇기를 기다렸다.

수전은 베개를 베고 누워 감정을 쏟아내기 시작했다. 직장에서 이 어려운 상황이 얼마나 오랫동안 지속되고 있는지, 그것 때문에 어떤 상처를 받았는지, 어떻게 해결해야 할지 몰라 얼마나 막막한지 전부 털어놓았다.

20분 뒤, 수전은 울고 있었다.

조는 몹시 당황했다. 주의 깊게 듣고 있었지만 그녀가 너무 많은 문제와 상황에 대해 말한 탓에 정확히 무엇 때문에 우는지 알 수 없었다. 수전의 입장에서는 **모든 게** 잘못된 듯 보였다.

조는 누워서 어색하게 팔로 아내를 감싸안았지만 수전은 울음을 그치지 않았다. 위로의 말을 하려고 몇 번 입을 뗀 것이 바보처럼 느껴졌다.

거스가 무슨 말을 했더라? '때로는 바보처럼 느껴지고 심지어 바보처럼 보여도 그냥 할 일을 하면 되네….'

마침내 수전의 흐느낌이 훌쩍임으로 바뀌다가 멈췄다.

조는 안도감을 느꼈다. 아마도 그가 한 말이 어느 정도는 위로가 되었나 보다. 그게 아니면, 아내는 단순히 생각에 잠긴 것일지도 모른다.

"여보, 사랑해."

조가 말했다.

수전은 아무 말도 없었다.

"수전?"

조는 아내를 부드럽게 흔들었다.

아내는 잠들어 있었다. 그가 전한 위로의 말을 듣지 못한 것이다. 울다 지쳐 잠들었다.

조는 헛짓거리를 했다는 허탈함을 느끼며 조용히 잘 준비를 하고 이불 속으로 들어갔다. 아내의 고통에 대해 조용한 아픔을 느끼며 그 아픔을 덜어내는 데 조금이나마 도움이 되었길 바라다가 잠들었다.

이튿날 아침, 조는 깜짝 놀라면서 깊은 잠에서 깨어났다. 갑작스러운 깨달음에 겁이 났다. 어제의 교훈! 그게 뭐였더라? 샘 로즌… 인맥 구축… **걸어 다니는 홍보대사단.**

영향력의 법칙.

일터에서 돌아와 잠자리에 들며 어제 배운 교훈을 적용하기는커녕 **생각**할 겨를도 없이 밤을 보냈다.

조는 '끄응' 하는 신음 소리와 함께 좌절감에 베개를 잡아 던져버렸다. 그러고 나서야 수전이 옆자리에 없다는 것을 깨달았다. 시계를 흘끔 봤다. 8시 15분이었다. 늦잠을 자버렸다! 수전은 조용히 침대를 빠져나가 말 한마디 없이 집을 나선 것이다. 그를 깨울 생각도 없이.

조는 다시 신음했다. 핀다의 교훈은 날려버렸고 회사에 지각을 했으며 수전과의 사이도 어색해졌다.

"삼진 아웃이네."

그는 혼자 중얼거렸다.

핀다의 말이 머릿속에서 메아리쳤다.

'조건을 지키지 못하면 우리의 만남은 끝이야.'

조는 브렌다에게 전화를 걸어 핀다와의 점심 약속을

취소해야겠다고 생각하며 몸을 일으켰다. 그때 반으로 접힌 작은 쪽지가 수전의 베개에 놓여 있는 게 눈에 들어왔다. 바깥쪽에는 "사랑하는 당신에게"라고 적혀 있었다.

수전이 마지막으로 그렇게 부른 게 언제였더라? 마지막으로 그에게 쪽지를 써준 게 언제였더라? 조는 쪽지를 열어보았다.

사랑하는 조,
내가 일어나는 바람에 당신이 잠에서 깨지 않았으면 좋겠어. 당신은 더 쉬어야 해! 지난밤에 내 투정을 들어주느라 고생했잖아…. 정말 고마워.
당신이 얼마나 너그러운 사람인지… 정말 감사해.

너그럽다고? 사랑하는 조? 그는 끝까지 읽었다.

살면서 누군가가 내 말을 이렇게까지 귀 기울여 들어준다고 느낀 적은 처음이야. 사랑해.

―수전

조는 어리둥절했다. 너그럽다고? 뭐가 너그럽다는 거지? 그는 답을 찾기 위해 쪽지를 다시 꼼꼼히 읽었다.

"당신이 얼마나 너그러운 사람인지… 정말 감사해."

"살면서 누군가가 내 말을 이렇게까지 **귀 기울여 들어준**다고 느낀 적은 처음이야."

그는 놀라서 얼굴을 비볐다. 불평하는 글이 아니었다. 아내는 그가 **경청해주길** 원했던 것이다. 그녀의 말을 들어주길 바랐던 것이다.

문득 경첩이 삐걱거리는 소리와 같은 목소리가 떠올랐다. '점수 매기는 짓을 그만하게!' 웃음이 나왔다.

조는 **이미 과제를 마친 것이다!**

10장

진정성의 법칙

"어땠나?"

두 사람이 시내를 향해 차로 이동한 지 15분 만에 처음 나온 말이었다.

업무에 대한 생각을 멈출 수 없었던 어제 그랬듯이, 지금 조는 수전이 남긴 쪽지와 전날 밤 그녀가 울며 쏟아놓은 한탄에 대한 생각에서 벗어나지 못하고 있었다. 그래서 핀다의 질문에 놀랐다.

"네? 뭐라고요? 선생님?"

조는 핀다를 만난 이래로 '선생님'이라고 부른 적이 없었다.

"세 번째 법칙을 적용하는 일 말이야. 그게 어땠냐고 묻는 걸세."

핀다가 말했다.

조는 지금까지 핀다가 단 한 번도 자신의 '과제'에 대해 묻거나 확인한 적이 없었음을 깨달았다.

그런데 왜 갑자기 묻는 걸까? 핀다를 흘끔 보니 그냥 한번 떠보려는 것 같진 않았다. 그저 진심으로 알고 싶어서 물어본 것이었다.

'핀다는 뭔가 일이 있었다는 걸 알고 묻는 거야. 뭔가 중요한 일이 벌어졌다는 걸.'

조는 그런 생각이 들었다.

"잘된 것 같아요. 그러니까… 솔직히 잘 모르겠어요."

핀다는 전적으로 이해가 된다는 듯 고개를 끄덕였다.

"조, 이 가르침은 일에만 적용되는 게 아니야. 건전한 업무 원칙은 삶의 모든 부분에 적용되지. 교우 관계든 결혼 생활이든 어디든 말이야. 삶의 진정한 핵심이라네. 단순

히 재정 상태를 개선해주기 때문이 아니라 **삶의 대차대조
표를 개선해주기 때문이지.”

“그런 생각을 해본 적이 없네요.”

“반드시 그렇게 생각해보길 권하네.”

핀다가 조를 곁눈질로 바라봤다.

“내가 아내와 결혼한 지 얼마나 됐다고 말했던가.”

“50년이요.”

조가 핀다의 말을 되풀이했다.

“50년….”

핀다는 조의 인생의 두 배에 달하는 기간 동안 결혼 생
활을 유지하고 있었다.

“지금부터 하는 말은 구닥다리처럼 들릴 텐데.”

핀다는 조가 이해했는지 확인하려는 듯 조를 다시 한
번 흘끔 쳐다봤다.

“말씀하세요.”

조가 고개를 끄덕이며 말했다.

“나는 우리가 그렇게 오랫동안 함께 살고 48년 전처럼
지금도 행복한 데에는 한 가지 이유가, 딱 한 가지 이유가

있다고 믿네. 뭐, 사실, 그때보다 지금이 더 행복하긴 하지만. 그 이유는 바로 **내가 내 행복보다 아내의 행복에 더 마음을 쓰기 때문이야.** 아내를 처음 만난 날 이후로 나는 오로지 그녀를 행복하게 해주겠다는 마음으로 살았어. 그리고 정말 놀라운 건, 아내도 나와 같은 마음이라는 거야.”

“그걸 종속적 관계라고 부르기도 하지 않나요?”

조가 조심스럽게 물었다.

“맞아, 그렇게 말하는 사람들도 있지. 나는 뭐라고 부를 것 같나?”

“행복?”

핀다가 웃었다.

“그것도 맞는 말이지만 나는 **성공**이라 부르고 싶네.”

성공. 조는 수전과 함께하는 그의 인생이, 그의 결혼 생활이 어쩌다 끊임없는 다툼과 타협으로 점철된 드라마처럼 느껴지게 되었는지 곰곰이 생각했다. ‘50 대 50은 결국 지는 거래다….’

“샘이 인맥 쌓기와 관련해 말한 것과 같네요?”

조가 말했다.

“바로 그거야. 다 왔네.”

핀다는 앞 유리창을 가리켰다.

조는 눈앞에 자리 잡은 거대한 대강당을 보고 차를 지하 주차장으로 몰았다.

그들은 연례 세일즈 심포지엄의 기조연설을 들으러 왔다. 이 심포지엄은 시에서 여는 가장 큰 행사 중 하나로, 이 행사에 참석하려고 사람들이 전국에서 몰려왔다. 오늘의 연사는 바로 이 지역에 거주하는 데브라 대븐포트였다.

강연장은 사람들로 꽉 차 있었지만 핀다는 넓은 홀 뒤편의 좌석 두 개를 예약해두었다. 조는 몰려든 인파의 규모를 보고 감탄했다. 데브라 대븐포트의 강연을 들으려고 기다리는 사람이 족히 3000명은 되는 것 같았다.

○ ○ ○

대븐포트는 역시나 청중을 실망시키지 않았다. 심포지엄 사회자가 간략하면서도 인상적인 소개를 마치자 연사가 중앙 무대의 단상에 올라섰다. 그녀는 청중이 박수를 마치고 착석할 때까지 우아하게 기다렸다.

"12년 전 마흔두 살이 되던 해, 저는 세 가지 생일 선물을 받았습니다. 첫 번째 선물은 가장 친한 친구가 준 JC페니 백화점의 100달러짜리 상품권이었어요. 그 시절 저의 패션 수준에는 JC페니가 최고였죠."

그녀는 잠시 말을 멈추고 우측에서 좌측으로 청중을 둘러보더니 상체를 기울이며 마치 둘이서 비밀 이야기를 하듯 덧붙였다.

"그런데 말이죠. 사실 JC페니는 **아직도** 제게 최고의 패션 경험이랍니다."

이 말에 한바탕 웃음과 박수가 터져 나왔다. 그녀는 활짝 웃으며 모두에게 조용히 하라는 손짓을 보냈다.

"내년이면 구닥다리가 될 값비싼 옷과 장신구에 왜 돈을 낭비하나요? 그렇지 않나요? 게다가 여러분…."

그녀는 검지로 관자놀이를 톡톡 치며 말했다.

"여러분을 아름답게 만드는 건 겉치장이 아니라 이 안에 든 것입니다."

또다시 웃음과 박수가 장내를 휩쓸었다.

'시작한 지 겨우 60초 만에 벌써 분위기를 **장악했어.**'

조는 속으로 감탄했다.

데브라 대븐포트가 말을 이어갔다.

"두 번째 선물은 저의 세 아이가 돈을 모아 마련한 스파 이용권이었어요. 추가 비용 없이 하루 종일 스파를 즐길 수 있는 선물이었죠. 비싼 선물이었어요. 하루 종일이라니! 아이들은 계획을 아주 잘 짜서 베이비시터에게 줄 돈까지 남겨뒀어요. 사실…"

데브라는 잠시 망설이며 울먹이는 듯했다.

"사실, 아이들은 베이비시터에게 **몰래** 전화를 걸어 하루 종일 자기들을 봐달라고 부탁해두었어요. 엄마가 알면 얼마나 꼬치꼬치 캐물을지 알고서 일급비밀 작전을 수행하듯 철두철미하게 일을 처리한 거죠. 얼마나 똑똑한지."

청중은 인정하듯 따뜻한 웃음을 보냈다.

"세 번째는 남편이 준 것으로, 가장 놀라운 선물이었어요. 평생 잊지 못할 깨달음을 주었죠. 집을 나가서 다시는 돌아오지 않았거든요."

조는 강연장 전체가 숨죽이고 있다고 느꼈다.

"그 선물의 포장을 풀고 열고 이해하고 사용하기까지 꼬박 1년이 걸렸어요."

그녀는 주변을 둘러보았고 조는 그녀가 맨 앞줄 청중 뿐만 아니라 강당을 채운 모든 청중과 한 명씩 눈을 맞추는 모습을 보았다.

"오늘, 저는 그 선물을 여기 계신 모든 분과 공유하려고 합니다."

○ ○ ○

그 후 15분 동안 데브라는 그녀의 사연으로 청중을 인도했다.

마흔둘에 갑자기 먹여 살려야 할 세 아이를 둔 싱글 맘이 되었으나 데브라는 제대로 된 직장 생활을 해본 적이 없었다. 그전까지도 전업주부로 바쁘고 힘들게 살아왔지만 그녀가 곧 깨달았듯이 지난 20여 년간 그녀가 해온 일 가운데 돈벌이가 되는 일은 없었다.

"지원하는 곳마다 저보고 나이가 너무 많고 자격이 부족하다고 했습니다."

데브라가 청중에게 말했다.

남편이 떠나고 나서 몇 달간 데브라는 부동산 중개사 자격증을 따기 위해 공부했다. 학습 속도가 빨라 첫 도전에서 시험에 통과했다. 그 후 8~9개월 동안 중개 사무소 직원들의 조언과 가르침을 흡수하느라 정신이 없었다.

"그들은 제게 세상에 존재하는 모든 종류의 영업 방법과 클로징 closing* 기법을 가르쳐주었습니다. 직접적으로 요청하는 클로징, 거래를 종결하기 위한 클로징, 거래 종결에 드는 비용을 경감해주는 클로징, 거래 시간에 제한을 두는 클로징, 무료 체험 기간을 두는 클로징을 말이죠. 그 밖에도 칭찬을 건네거나 난처한 상황을 조성하는 클로징, 적시 매입을 위한 클로징, 불리한 매입 타이밍을 피하는 클로징, 신뢰감을 조성하는 클로징, 상대의 아쉬움을 유발하는 클로징도 배웠고요. 한마디로 클로징의 모든 것

* 최종 협상 단계에서 고객의 동의를 이끌어내고 거래를 성사시킬 수 있도록 유도하는 전략.

을 전수받았습니다."

데브라는 잠시 말을 멈추고 청중을 둘러보더니 무표정한 얼굴로 덧붙였다.

"이런, 제 말을 안 믿는군요."

앞쪽 열에서 웃음소리가 번졌다. 조가 생각하기에 그녀가 다음에 어떤 이야기를 할지 이미 알고 있는 팬들이 와 있는 것 같았다.

"자, 어디 한번 확인해볼까요?"

그녀는 다시 말을 시작하며 손꼽기 시작했다.

"그러니까… 예를 들면 가정형 클로징, 보너스 클로징, 양보형 클로징, 주의 분산 클로징, 감정적 클로징, 미래 지향적 클로징…."

첫 번째 줄에 앉은 사람들이 리듬을 타며 손뼉을 치기 시작했다. 그녀가 각종 클로징 기법을 열거할 때마다 청중은 한 번씩 손뼉을 쳤다.

"골든게이트브릿지 클로징, 유머 클로징, IQ 클로징, 저지시티 클로징…"

이제 모든 청중이 손뼉에 동참했고 리듬에 맞춰 크게

박수 치고 있었다.

"중요 조항 클로징, 레버리지 자산 클로징, '돈이 전부는 아니다' 클로징, '다신 없을 기회' 클로징, 오너십 클로징, 애착 형성 클로징, 품질 클로징, 역전 클로징, '입석 외 만원' 클로징, 뺏어가기 클로징, 가성비 클로징, 허영적 클로징, '절호의 기회' 클로징…."

그녀는 숨을 크게 들이마셨다.

"자비에라 홀랜더 클로징, 자매애 클로징, 그리고 자자 가보르 클로징까지! 온갖 **클로징** 방법을 전부 섭렵했답니다."

모든 관중이 웃으며 그녀의 능수능란한 연기에 환호하는 동안 리듬을 타던 손뼉 소리가 큰 박수갈채로 이어졌다. 데브라가 눈을 반짝이며 양손을 들어 올리자 웃음소리와 박수갈채가 잦아들었다.

"이 모든 클로징을 배우고 나서 무슨 일이 벌어졌는지 아세요? 그해 말까지 저는 단 한 채의 부동산도 팔지 못했답니다. 게다가 그 일을 정말 싫어하게 되었어요. 매번 실패만 거듭해 절망적이었거든요."

홀 안에 침묵만 흘렀다.

"어느 목요일, 저는 마흔세 살이 되었습니다. 그 생일에는 가장 친한 친구가 제게 세일즈 심포지엄 티켓을 사 주었어요. 솔직히 말하면 가고 싶지 않았어요. 하지만 가장 친한 친구가 사준 것이라 가지 않을 수 없었죠."

데브라가 미소를 지으며 말했다.

"지금도 가장 친하답니다."

그녀는 맨 앞줄을 향해 밝게 웃어 보였다. 그 친구가 앉아 있나 보다 싶었다.

"그러니 제가 어쨌겠어요? 제 친구는 설득의 달인이었거든요."

앞줄에 앉은 몇몇 여성들이 웃는 걸 보니 조의 추측이 맞았다.

"저는 그 심포지엄에 갔습니다."

그녀는 마치 갑자기 자신이 어디에 있는지 문득 깨달은 사람처럼 주변을 둘러봤다.

"바로 이 심포지엄이었어요. 저는 여러분이 앉아 있는 이곳에 앉아 있었어요. 오늘 같은 9월 어느 목요일 오후에 말이죠. 그해 기조연설자는 제가 들어본 적도 없는 사람이었어요. 그는 제품이나 서비스에 가치를 더하는 일이 중요하다고 말했어요. 이렇게 말했죠. '무엇을 팔든, 그게 부동산이든 보험이든 핫도그든 **가치를 더하면 앞서나갈 수 있습니다.'**"

조는 대븐포트가 말하고 있는 연사가 그의 옆자리에 앉은 인물임을 깨닫고 소름이 돋았다.

"그는 이렇게 말했습니다. '무엇을 팔든 가치를 더하세요. 돈이 **많이** 필요하다면 가치를 **많이** 더하세요.' 그가 이 말을 했을 때 청중석에 앉아 있던 사람들이 웃었어요. 하지만 저는 뭐가 재미있다는 건지 이해하지 못했죠. 저는 뒷자리에 앉아서 내내 제 인생에 대해 괴로워하고 있었어요. 그래도 용기를 내어 질문하려고 손을 들었어요. 연설자가 저를 정면으로 바라보며 말했어요. '저기 뒤에 계신 여성분? 말씀하세요.' 저는 일어나서 물었죠. '많은 돈을 **빠르게** 마련해야 할 때는 어떻게 해야 하나요?' 연사는 고개를 끄덕이며 미소를 띠고 말했어요. '그렇다면 많은 가치를 **빠르게** 더할 수 있는 방법을 찾아야겠죠.'"

청중 가운데 잔잔한 웃음소리가 번졌다.

"여러분, 저는 그분의 말을 주말 내내 생각했습니다. 열심히 생각했어요. 구매자 중심 시장에서 실패한 중개사인 내가 부동산 매물에 어떤 가치를 더할 수 있을까? 일요일 저녁에 답이 떠올랐습니다. 내가 과연 무슨 가치를 더할 수 있을까? **어떤 가치도 없었습니다.** 초라한 데브라 대브포트가 더할 수 있는 가치는 한 푼도 없었습니다. 1년간 노력했지만 제가 공인 중개사로서 전혀 가치가 없다는 사실만 증명되었죠. 저는 고객들에게 **아무것도** 제공할 수 없었습니다. 일요일 저녁, 저는 마음을 먹었습니다. 그만두기로요."

그녀는 말을 멈추었다.

"저는 그저…"

그녀는 감정을 다잡기 위해 숨을 들이마시며 다시 말을 멈췄다. 다시금 손가락으로 관자놀이를 톡톡 치며 청중을 바라보았다.

"머릿속에서 무슨 일이 벌어졌던 걸까요? 남편이 집을 나갔을 때, 제 자존감도 함께 나가버린 겁니다."

조는 수백 개의 머리가 동시에 끄덕이는 것을 알아챘다. 그녀는 아주 큰 공감을 끌어내고 있었다.

"남편은 저를 자산이 아닌 부채로 여겼습니다. 취업 시장도 부동산 업계도 마찬가지였습니다. 제가 뭔데 그들의 관점이 틀렸다고 반박할 수 있었겠습니까?"

조는 주변을 둘러보다가 몇몇 사람의 눈에 눈물이 고인 것을 발견했다. 이 여성은 저들에게 어떤 신비로운 힘을 발휘하고 있는 걸까?

데브라 대븐포트는 서글픈 표정으로 고개를 저었다.

"남편이 떠난 지 1년이 지났어도 저는 여전히 제 생일 선물을 풀어보지 못한 겁니다."

그녀는 감정을 털어내려는 듯 날카롭게 숨을 들이마시고 다시 내쉬었다.

"그래서 다음 날 아침 저는 사무실 책상을 정리하기로 마음먹었어요. 도저히 피할 수 없는 마지막 약속이 하나 남아 있었고 저는 순전히 의무감에 그 고객을 만나 집을 보여주러 갔죠. 속으로 생각했어요. '이미 끝났는데, 뭐. 에라, 모르겠다.' 저는 그 고객과 좋은 시간이나 보내야겠다고 생각했죠. 제가 배운 모든 클로징 기법을 내려놨어요. 그 매물의 자세한 정보를 담은 서류조차 들고 가지 않았습니다.”

그녀는 못마땅하다는 듯 혀를 찼다.

“가는 길에 우리는 온갖 쓸데없는 일에 대해 수다를 떨었습니다. 심지어 매도 호가를 알려주었는지조차 모르겠어요. 부동산 역사상 가장 비전문적이고 형편없고 무책임하고 한심한 영업 방식이었어요.”

그녀는 ‘이런 멍청이가 어디 있어?’ 하고 말하는 듯 양손을 들고 답답함을 표현했다.

“그리고 당연하게도, 그 고객은 그 집을 샀습니다.”

○ ○ ○

1분 넘게 박수가 지속되었고 박수가 잦아들자 그제야 그녀는 이야기를 계속할 수 있었다.

“저는 그날 뭔가 배웠어요. 엄마로서 아내로서 주부로서 내 삶이 시장이 원하는 것을 전혀 주지 못했다는 제 생각은 틀린 것이었어요. 그 세월 동안 저는 뭔가 다른 것을 **배웠어요**. 친구가 되는 법, 마음 쓰는 법, 사람들이 스스로를 좋아하게 만드는 법을 배운 거죠. 그리고 여러분, 그건 시장이 정말 많이 원하는 것이었습니다. 항상 그래왔고 앞으로도 그럴 겁니다. 그 심포지엄의 연사는 **가치를 더하**라고 했습니다. 그런데 나 자신 외에 더할 게 없었어요. 놀랍게도 바로 그것이 지금껏 놓친 부분이었어요."

그녀는 감정이 잦아들 시간을 벌려고 말을 멈추고서 깊게 숨을 들이마셨다.

"그 후로 집을 몇 채 더 팔았죠."

데브라가 말을 잇자 청중 사이에서 웃음과 박수가 터져 나왔다. 모두가 데브라 대븐포트의 판매 실적을 알고 있었다. '몇 채' 더 팔았다는 건 이 시대 최고의 겸손으로 꼽을 만한 표현이었다.

"나중에 저는 첫 번째 집을 산 여성의 남편을 만났고 그분이 제게 상업용 부동산에 관심이 있는 친구들을 소개해주었어요. 저는 상업용 부동산은 절대 할 수 없다고 말했죠. 하지만 이번에도 제 생각은 틀렸습니다!"

"그분이 제게 친구들을 소개해주었어요"라는 데브라 대븐포트의 말이 조의 마음에 느슨하게 풀려 있던 실을 건드렸다. 며칠 전에 묻고 싶었지만 지금까지 잊고 있었던 것이었다. 그는 핀다를 향해 몸을 기울이고 속삭였다.

"연결자인가요?"

핀다가 웃으며 고개를 끄덕였다.

'아하' 조는 생각했다. 데브라 대븐포트가 바로 사업가 마인드를 가진 식당 주인인 에르네스토에게 수백만 달러의 상업용 부동산을 판매한 당사자였다! 이 '연결자'라는 인물을 언제쯤 만나게 될까?

"그리고 저는 영광스럽게도 주거용과 상업용 매물을 통틀어서 이 도시 최고의 부동산 중개사로 선정되었습니다."

조의 마음은 여전히 혼란스러웠다. 만일 에르네스토 이아프라테와 데브라 대븐포트를 이어준 사람이 바로 이 연결자고 그가 니콜 마틴의 신생 소프트웨어 기업에 자금을 조달해주었다면…. 조는 다시 몸을 기울이며 속삭였다.

"내일은 누구를 만날 건가요?"

핀다가 속삭였다.

"금요일의 손님."

그는 고개를 끄덕이며 말했다.

"금요일의 손님은 놀랄 만한 인물이지."

"그분이 연결자죠? 맞죠?"

조가 물었다.

"드디어 연결자를 만나게 되는 건가요?"

핀다는 아무 말 없이 웃기만 했다.

"…그리고 지난 몇 년 동안 저는 전국을 누비며 여러분과 같은 청중을 대상으로 강연을 해왔습니다. 저는 한 분, 한 분께 같은 이야기를 합니다. 저는 여러분에게 집보다 훨씬 더 가치 있는 무언가를 팔아야 할 엄청난 책임과 영예를 안고 이 자리에 섰습니다."

데브라 대븐포트가 말했다.

"제가 여러분에게 팔려는 것은 바로 **여러분 자신입니다.** 여러분, 이것을 기억하세요. 어떤 훈련을 받았든, 어떤 기술을 갖고 있든, 어떤 분야에 종사하든, **여러분이 가장 중요한 상품입니다.** 여러분이 제공해야 할 가장 값진 선물은 바로 **여러분 자신입니다.** 여러분이 어떤 목표를 세우든 간에 그걸 이루는 데에는 지식이나 기술이 10퍼센트 남 짓 필요합니다. 나머지 90퍼센트 이상은 결국 **사람을 대하는 기술**이에요. 그렇다면 그 토대는 무엇일까요? 사람을 좋아하는 것? 사람들에게 마음 쓰는 것? 상대방의 이야기를 잘 들어주는 것? 물론 이 모든 게 인간관계에 도움이 되지만 핵심은 아닙니다. 핵심은 **있는 그대로의 나**입니다. **여러분 자신**에게서 시작됩니다. 남을 따라 하거나 남에게 배운 행동을 흉내 내는 한, 결코 사람들의 마음에 닿을 수 없습니다. 사람들에게 여러분이 주어야 하는 가장 **값진 것**은 여러분 자신입니다. 무엇을 판다고 **생각하든**, 여러분이 실제로 제공하는 것은 **여러분 자신입니다.**"

데브라는 홀의 뒤편을 바라봤다. 조는 그녀가 그를 정면으로 응시하고 있음을 깨닫고 놀랐다. 설령 그게 아니더라도 조의 눈에는 그렇게 보였다.

"어떻게 해야 사람을 제대로 대할 수 있을까요?"

그녀는 마치 친한 친구에게 비밀 이야기를 하듯 청중을 향해 몸을 기울였다.

"사람을 대하는 기술을 알고 싶나요?"

그녀가 되풀이해서 물었다.

"그렇다면 본인 먼저 **사람**이 되십시오."

그녀는 청중의 얼굴을 하나씩 바라봤다.

"그렇게 할 수 있나요? 그렇게 **하겠습니까?**"

그녀는 다시 좌측에서 우측으로 둘러보며 많은 청중과 눈을 맞췄다.

"그것이 이제껏 존재하거나 앞으로 만들어질 모든 클로징 기술보다 수만 배 더 값진 일입니다. 우리는 그것을 **진정성**이라고 부릅니다."

조는 이 여성이 청중에게 발휘하는 미스터리한 힘이 무엇인지 궁금해했던 것이 떠올랐다. 그리고 그 답을 방금 들었다는 것을 깨달았다.

○ ○ ○

조와 핀다는 아무 말 없이 주차장을 빠져나와 복잡한 시내의 도로를 달렸다. 조는 지난 며칠간 벌어진 많은 일을 생각하며 그가 일하는 방식을 많은 부분 재평가했다. 그런데도 데브라 대븐포트가 **진정성**이라는 한 단어로 그에게 미친 영향은 받아들이기에 너무 컸다.

그는 스핑크스처럼 속을 알 수 없는 핀다의 무표정한 얼굴을 바라보다가 다시 도로로 눈길을 돌렸다.

"회장님은 제가 토요일에 회장님을 만나러 간 이유를 알고 계시죠?"

핀다가 고개를 끄덕였다.

"성공, 진정한 성공에 대해 몹시 알고 싶어서 찾아온 게 아닌가."

조는 잠시 말을 멈췄다가 다시 입을 열었다.

"사실… 아닙니다. 그렇지 않아요. 사실은….."

핀다가 조를 바라봤다. 눈빛이 진지했다.

"말해보게나."

조는 숨을 들이마셨다.

"저는 회장님께 깊은 인상을 남기고 싶어서 찾아갔어요. 회장님의 신뢰를 얻고 싶었거든요. 사실 제가 바란 건, 아니, 계획한 건 회장님을 설득해서 제가 이번 거래를 성사시킬 수 있도록 도움을 얻는 것이었어요. 제가 현재 진행하고 있는 거래 말이죠. 회장님의 돈과 인맥…"

조의 목소리가 점점 작아지더니 거의 들리지 않는 고백이 되어버렸다.

"그리고 회장님의 영향력을 동원하려고 했어요."

그게 진실이었다. 조는 진실을 말해버렸고 이제 모든 것이 드러났다. 애초에 핀다를 만나러 온 이유가 그것이었다. BK 건. **영향력과 그것을 이용할 수단.**

조는 핀다가 화내는 모습을 본 적이 없었다. 지금 그의 화난 모습을 보고 싶지 않았다. 그렇지만 조는 숨을 들이마신 뒤 힘을 내어 고개를 돌리고 멘토의 눈을 바라봤다.

"어리석은 이유였어요."

조가 말했다.

핀다가 부드럽게 대꾸했다.

"아니, 어리석지 않아. 그게 자네가 처한 상황이었던 게지. 그뿐이야. 게다가 그건 자네가 나를 만나러 온 이유가 아니야. 자네가 그렇게 **생각**할 뿐이지."

조가 그를 빤히 바라봤다.

"그렇다면 제가 찾아온 진짜 이유는 뭔가요?"

핀다가 빙긋이 웃으며 말했다.

"자네는 진정한 성공에 대해 배우고 싶은 갈망에서 나를 찾아온 거라네."

진정성의 법칙

The Law of Authenticity

당신이 줄 수 있는
가장 값진 선물은
당신 자신이다.

11장

거스의 비밀

그날 오후, 거스는 조에게 말을 걸지 않았다. 청년에게는 혼자만의 시간이 필요한 것 같았다. 정확히 무슨 일이 벌어졌는지는 알 수 없지만 조가 솔직한 자기성찰의 고통을 겪고 있다고 여겼다.

5시가 되어갈 즈음 거스는 책상을 정리하고 조명을 끈 뒤 소지품을 챙긴 채 트위드 재킷을 가지러 코트 걸이로 다가갔다.

"거스?"

돌아보니 조가 그를 바라보고 있었다.

"응?"

조는 생각이 많아 보였다. 아니, 그 이상이었다. 긍정적인 의미에서 뭔가를 뉘우치는 듯 보였다.

"잠깐 시간 있어요?"

거스는 재킷을 다시 걸었다.

"물론이지."

그는 조의 책상 옆 의자에 앉아 손을 모으고 조를 올려다봤다.

조는 책상을 돌아 나와 의자를 끌어오더니 거스 옆에 앉았다.

"할 말이 있어요."

조가 잠시 침묵했다.

거스는 기다렸다.

"제가 이곳에 처음 온 뒤로 줄곧 잘해주셨잖아요. 선배를 항상 뭐랄까, 좀 순수한 사람이라고 생각했어요. 고리타분하고요. 무슨 말인지 아시죠?"

거스가 고개를 끄덕였다.

"저는 거스에 대한 소문을 믿지 않았어요. 그러니까, 경영진이 선배를 의리 때문에 계속 고용하고 있다는 말이요. 선배가 얼마나 성공했었는지에 대한 소문도 믿지 않았어요. 하지만 그건 일부 사실일 거예요. 그리고 이 다섯 가지 법칙을, 핀다 회장님이 말한 베풂에 관한 원칙들을 거스는 모두 알고 있던 거예요. 그렇죠?"

거스는 조를 가만히 응시하고 나서 대답했다.

"나는 경력 면에서 운이 아주 좋았어. 맞아, 나도 그 석조 저택에 가서 자네가 이번 주에 받은 가르침을 들었지."

거스는 제 손을 내려다보더니 다시 조를 바라봤다.

"보자… 오늘이 목요일이니까 자네는 천문학적 성공을 거두는 네 번째 법칙에 대해 들었겠군."

조가 고개를 끄덕였다.

"진정성의 법칙이요. 이제 저는 그걸 적용할 방법을 찾아야 해요."

거스는 생각에 잠긴 듯 입을 오므렸다.

"내가 보기에, 방금 이미 적용한 것 같은데?"

조는 한참 동안 거스를 빤히 바라봤다.

거스는 눈 한 번 깜빡이지 않고 빙긋이 웃어주었다.

"거스군요, 그렇죠? 당신이 연결자예요."

조가 부드럽게 말했다.

○ ○ ○

거스는 깍지를 풀더니 의자에 기대어 앉아 머리를 긁적이며 창밖을 바라보았다. 그러더니 다시 조를 바라보며 손을 활짝 펴 들었다. "들켰군."

"우리의 친구 핀다는 35년 전에 처음 만났어. 몇 년 후 그를 샘 로즌에게 소개해주었지. 그로부터 또 몇 년 후 나는 몇 달러를 들여 두 사람에게 내가 아는 동네 핫도그 가판대에서 핫도그를 사주었어. 그날 핫도그 점심 회동은 훗날 아주 생산적인 투자가 되었지."

그는 잠시 멈춰 조가 이 정보를 소화할 시간을 주었다. 그러고 나서 다시 말을 이어갔다.

"10년이 조금 지나고 나서는 에르네스토와 그의 아내를 데브라 대븐포트에게 소개해줬어. 데브라는 내 아내에게 집을 판매한 중개인이었지. 내 추측이 맞다면 자네는 아마 오늘 낮에 그녀의 강연을 들었을 거야.”

조는 멍한 채로 고개만 끄덕였다.

“또 몇 년 후, 내가 아는 젊은 친구들이 소프트웨어 회사를 직접 차리고 싶어 하길래 샘을 소개해주었고 그가 그들에게 재성에 관한 소언을 주었지. 샘, 핀다, 그리고 나는 니콜 마틴의 작은 벤처회사에 투자했고 에르네스토의 가게에 투자했을 때처럼 좋은 결과를 거뒀어.”

조가 입을 벌리고 멍하니 바라보는 것을 보고 거스는 조금 멋쩍게 웃었다.

“잘 모르겠어. 어쩌다 보니 나는 밀어줄 만한 좋은 말들을 계속 발견한 거야. 그런 면에서는 꽤 운이 좋았지.”

그는 조의 눈을 바라봤다. 조는 거스가 자신을 ‘좋은 말들’ 중 하나로 여겼으며 그건 운과는 무관하다고 말하고 있음을 깨달았다.

“저, 저는 잘 모르겠어요.”

조가 불쑥 말했다.

“대놓고 말하자면 거스는 백만장자 자산가로군요!”

거스가 그에게서 한 번도 본 적이 없는 강렬한 눈빛으로 조를 바라봤다.

"이건 매우 사적인 정보지만 자네에겐 알려주고 싶군. 우리 둘만의 비밀로 지켜주게나. 나의 순자산 말이야."

조가 고개를 끄덕였다.

거스가 금액을 말했다.

조는 무릎에 힘이 빠졌다.

"그런데 왜 여기서 일하고 있는 거예요? 왜 일을 계속하는 거죠?"

거스가 대답하기도 전에 조는 한 손을 들어 올렸다.

"아니, 말하지 않아도 알 것 같아요."

그는 거스의 길고 두서없는 대화와 잠재 고객을 대하는 편안한 태도, 들쭉날쭉하고 긴 휴가에 대해 생각했다. 그러고 나서 싱긋 웃었다.

"거스는 지금 하는 일을 좋아하는 것 같아요. 사람들과 대화하고, 질문을 던지고, 그들에 대해 알아가고, 도울 수 있는 방법을 찾아내고, 도움이 필요하면 그걸 채워주고, 자원을 공유하는 일 말이에요."

거스가 자리에서 일어나 코트 걸이로 서서히 걸어가더니 트위드 재킷을 집어 들며 조에게 윙크했다.

"늙은이도 재미 좀 봐야지."

거스가 엘리베이터로 걸어가는 동안 조는 미소를 지으며 크게 외쳤다.

"내일 섬심에 봐요."

거스가 어리둥절해하며 고개를 돌려 조를 바라봤다.

"점심?"

조가 낄낄대며 웃었다.

"아, 이번에는 제가 직접 알아냈잖아요. 선배가 연결 자라고요. 맞죠? 그러니 내일 있을 핀다 회장님과의 점심 데이트 상대는 선배죠. 금요일의 손님이요!"

"아, 금요일의 손님."

거스가 살짝 웃었다.

"아니야, 내가 아니야."

그는 다시 웃더니 엘리베이터를 타면서 중얼거렸다.

"금요일의 손님이라. 그거 재미있겠구먼."

12장

수용의 법칙

금요일 정오에 조는 거대한 석조 저택의 현관문을 경쾌하게 두드렸다. 그는 구름이 모여드는 하늘을 올려다보다가 쌀쌀한 기운에 양손을 주머니에 넣었다. 끝나가는 여름보다 다가올 겨울이 더 크게 와닿는 9월 말이었다.

또다시 문을 두드리려던 차에 문이 활짝 열리더니 레이철이 나타났다.

"조! 어서 와요."

그녀가 조를 반기면서 서재로 안내했다.

"영감님은 지금 예정에 없던 전화를 받고 계세요. 여기서 기다리면 곧 내려오실 거예요."

조는 참나무로 마감한 방을 둘러봤다. 차분한 분위기와 더불어 가죽과 오래된 책의 냄새가 났다.

"오늘은 외출하지 않을 거예요."

조가 묻기도 전에 레이철이 먼지 알려주었디.

"오늘은 여기서 식사하는 날이거든요."

조는 레이철이 정해진 수순대로 안내하듯 말한다고 느꼈다. 수차례 같은 설명을 해온 것처럼.

"오늘은 금요일의 손님이 오겠군요, 그렇죠?"

레이철이 웃으며 대답했다.

"맞아요."

"질문 하나 해도 될까요?"

조는 핀다가 레이철의 이야기를 해준 수요일 이후로 이 대화를 나누고 싶어 입이 근질근질했다.

"물론이죠."

"핀다 회장님을 위해 일하는 건 어떤가요?"

레이철은 잠시 주저하더니 조를 바라보고 웃었다.

"솔직하게 말할까요?"

레이철이 등받이가 높은 의자에 앉으며 말했다.

"놀라워요."

○ ○ ○

이 석조 저택에서 일하기 위해 처음 방문한 이후 1년 간 레이철은 훌륭한 사업의 기술을 대부분의 사업가가 평생 경험으로 얻는 것보다 더 많이 배웠다. 재무와 자선사업, 협상, 인맥 구축, 자원과 인간관계에 대해 배웠다.

"핀다 회장님이 고안한 협력적인 거래의 원칙들을 빠짐없이 전부 배웠죠."

그녀는 활짝 웃으며 말했다.

그리고 그 모든 가르침을 훌륭한 커피 만들기라는 열정 어린 연구에 쏟아부었다.

에르네스토의 카페에서 가진 긴 대화를 시작으로, 레이철은 요식업 거래처의 세계를 탐색했다. 가장 좋은 업소용 커피 로스터나 그라인더 같은 장비를 대줄 수 있는

민을 만한 거래처를 꼼꼼히 조사했다.

더불어 세계 곳곳에서 프리미엄 원두를 조달하는 법을 스스로 터득했다. 그녀는 대학에서 만난 콜롬비아 출신 스페인어 강사를 통해 콜롬비아 커피 농부들과 친해지는 일부터 시작했다. 현지에서 사용하는 여러 방언을 재빨리 습득해서 에콰도르, 베네수엘라, 페루, 브라질 등의 주변 국가들까지 아우르며 더 많은 인맥을 수월하게 구축했다. 머지않아 레이철은 다른 대륙에까지 인맥을 넓혔고, 수마트라, 인도네시아, 케냐, 예멘 등의 커피 재배 업자들과도 친분을 쌓았다.

"이 작은 지구에 커피를 생산하는 나라가 몇이나 될 것 같나요?"

그녀가 물었다.

조는 잠시 생각했다.

"스무 곳?"

"서른 곳이 넘어요. 지난 1년 동안 저는 각 나라의 커피 재배 업자들과 친분을 쌓았어요."

조는 깜짝 놀랐다. 이 특별한 인맥으로 레이철은 브로

커와 중간상인을 통하지 않고도 세계 곳곳에서 재배된 최고급 커피 원두를 아주 저렴한 가격에 공수할 수 있었다. 게다가 지난 1년간 핀다의 거실에서 레이철이 커피를 대접한 사람들도 있었다. 일련의 만남을 통해 그녀는 수입과 수출부터 자금 조달, 경영, 인력 관리에 이르기까지 사업 전반의 최고 전문가들과 안면을 트게 되었다.

사실상 마음만 먹으면 이 집에서 나가 48시간 안에 글로벌 프리미엄 커피 제국을 건설하기 위한 기반을 마련할 수 있을 터였다.

"아, 이럴 수가,"

조가 불쑥 말했다.

"그렇군요!"

그는 이마를 탁 치더니 웃었다.

"뭐가 그렇다는 건가요?"

조가 얼굴에 함박웃음을 지었다. 그러더니 의자 등받이에 기대어 앉으며 레이철을 가리켰다.

"바로 **당신**이네요."

"저요?"

레이철이 물었다.

"당신이요. 늘 이곳에 있는 모습을 봐서 당신일 거라는 생각을 못 했어요. 내내 눈앞에 있었는데 말이죠."

레이철의 눈썹이 올라갔다. "네?"

조는 쌍권총을 쏘듯이 양쪽 검지로 레이철을 가리켰다.

"당신이 금요일의 손님이죠? 인정하세요!"

레이철은 한숨을 쉬더니 '제가 졌네요. 당신이 이겼어요'라고 말하듯 양손을 들어 올렸다.

"그럴듯한 추측이에요!"

조가 활짝 웃었다.

"하지만 아니에요."

조의 얼굴에서 미소가 사라졌다.

레이철은 고개를 빼고 귀를 쫑긋했다.

"통화가 끝났나 보네요."

그녀는 자리에서 일어섰다.

"준비가 되면 테라스로 나올래요? 금요일의 손님을 기다리는 동안 두 분이 야외에 앉아 점심을 드실 거라고 회장님이 말씀하셨거든요."

그녀는 조의 당황하는 표정을 보고 웃으며 조용히 물러났다.

조는 천천히 고개를 저은 뒤 안락의자에서 일어났다. 멘토와 함께 누구일지 모르는 금요일의 손님을 기다리기 위해 테라스로 향했다.

○ ○ ○

"그래, 이 모든 것에 대해 어떻게 생각하나?"

20분간 두 사람은 콜드 컷cold cut,* 갓 구운 빵, 각종 피클, 올리브, 양념 등을 곁들인 아주 훌륭한 점심을 먹었다. 겨자만 해도 다섯 가지 종류나 되어서 하나하나 맛보느라 바빴다. 하지만 그는 핀다의 질문이 점심 식사를 향한 게 아니라는 걸 알았다. 그 주 내내 그가 보고 들은 모든 것에 관한 질문이었다.

조는 망설이더니 조심스럽게 입을 열었다. 마치 돌을

---

* 익힌 고기를 식힌 후 얇게 썰어 차갑게 먹는 요리.

하나씩 밟으며 강을 건너는 것처럼 신중했다.

"…전부 대단해요. 놀랍습니다. 정말이지, 대단해요."

조는 말을 잠시 멈췄다. 9월 말의 햇살이 따스하게 느껴졌다.

"그리고?"

핀다가 재촉했다.

"그리고…."

조는 크게 심호흡을 했다. 생각을 정리하기가 힘들었다.

"내가 좀 도와주겠네. 어릴 적에 베풂에 대해 무엇을 배웠나?"

핀다가 물었다.

조는 미간을 모으고 곰곰이 생각했다. 하지만 생각에 빠져들기도 전에 핀다가 끼어들었다.

"조, 생각하려 들지 말게. 기억해내려 **애쓰지** 마. 그냥 편하게 말해. 내가 **베풂**이라고 말할 때 가장 먼저 무엇이 떠오르지?"

"받는 것보다 주는 게 더 좋다…."

"바로 그거야! 받는 것보다 주는 게 더 좋지, 그렇지? 자네

가 선한 사람이라면 그렇게 할 거야. 줄 거라고. 선한 사람
들은 주기만 할 뿐 받으려 들지 않아. 하지만 줄곧 받으려
고만 생각한다면 어쩔 수가 없지. 그건 자네가 진정으로
선한 사람이 아니라는 뜻일 거야…. 그렇다면 왜 굳이 이
렇게 애를 쓰는 거지? 베풂에 관한 이 모든 이야기가 어
떤 사람에게는 참 좋게 들린다네. 나나 니콜이나 에르네
스토 같은 사람에게는 그래. 그런데 자네에겐 아니야. 본
성에 맞지 않을 수 있어."

잠시 침묵이 흘렀다.

"그렇지 않나?"

조가 한숨을 쉬었다.

"그런 것 같아요."

그는 인정했다.

핀다는 고개를 돌려 서쪽으로 뻗어 있는 도시의 풍경
을 바라봤다. 그는 생각에 잠긴 듯 보였고 왠지 슬퍼 보였
다. 그는 계속 먼 곳을 응시하더니 다시 입을 열었다.

"이렇게 해보게. 내가 30까지 세는 동안 천천히 숨을
내쉬게. 그냥 숨을 내쉬면 돼. 멈추지 말고. 처음에 크게

숨을 들이마셔야 해. 그래야 내쉴 숨이 충분히 있지. 알겠나? 자, 이제 숨을 들이마시고… 시작하게!"

핀다가 숫자를 세기 시작하자 조는 숨을 천천히 내쉬었다. 핀다가 9를 셀 즈음 조는 몸을 앞으로 구부렸다. 얼굴이 다소 창백해졌다. 12에 도달하자 그는 등을 세우고 크게 헐떡이며 숨을 급하게 들이마셨다.

핀다가 조를 바라봤다.

"30까지 버틸 수 없나?"

조는 고개를 저었다.

"만일 내가 들숨보다 날숨이 건강에 더 좋다는 게 의학적으로 입증되었다고 한다면 어떻게 하겠나? 그러면 생각이 바뀔까?"

조는 어리둥절해하며 고개를 다시 저었다.

"당연히 아니겠지. 누가 무슨 주장을 한다고 해도 영원히 날숨만 쉴 수는 없지. 심장이 수축하는 것보다 이완하는 게 더 좋다고 한다면? 다시 수축시키지 않고서 계속 열어둔 상태가 좋다고 한다면? 그러면 시도해볼 텐가?"

핀다는 이제 답을 할 틈조차 주지 않고 말을 이어갔다.

"어리석은 소리지, 그렇지 않은가? 물론이지. 자네와 나 그리고 다른 이들 모두가 귀에 못이 박히도록 들었던 예로부터 내려오는 지혜 또한 헛소리라네. 주는 것이 받는 것보다 더 낫다는 말은 옳지 않아. 주면서 받지 **않으려** 한다는 건 **말도 안 되는** 소리거든. 받지 않으려는 것은 어리석을뿐더러 오만하기까지 해. 누군가 자네에게 선물을 줄 때 그것을 거부할 권리가 자네에게 있을까? 상대방이 지닌 줄 권리를 부인할 권리가 있냐는 말일세. 받는 것은 주는 행위에 따라오는 **자연스러운 결과야.** 만일 자네가 주고 나서 돌려받는 걸 거부한다면, 밀려 나가는 조수를 보고 돌아오지 말라고 명령하는 크누트 대왕●과 다를 게 없네. 심장이 이완된 뒤 반드시 **수축해야 하는** 것처럼, 조수도 다시 **돌아와야만** 하네. 지금 이 순간, 전 세계 인류는 산소를 들이마시고 이산화탄소를 내뿜고 있지. 다른 동물도 마찬가지야. 그리고 동시에, 지구 곳곳의 수십억, 수백억 개의 식물들은 그 반대로 이산화탄소를 **들이마시고** 산소를 **내뿜**

● 11세기 초, 잉글랜드와 노르웨이 및 스웨덴 일대를 정복한 덴마크의 국왕 크누트 1세를 가리킨다.

고 있다네. 그들의 베풂이 곧 우리가 받는 것이고, 우리의 베풂이 곧 그들이 받는 것이지. 사실 모든 주는 행위는 그것이 동시에 받는 행위이기 때문에 가능한 거야.”

이 말을 하고서 핀다는 갑자기 말을 멈추더니 저 멀리 도시와 산맥을 다시 바라봤다.

조는 마치 시진의 여파 속에 있는 것처럼 지리에서 꼼짝 않고 앉아 있었다.

‘모든 주는 행위는 그것이 동시에 받는 행위이기 때문에 가능하다….’

○ ○ ○

한동안 둘은 아무 말도 하지 않았다. 조의 귓속에서는 피가 정신없이 빠르게 흐르는 소리만 들렸다. 마치 뇌에서 온갖 생각이 소용돌이치는 소리 같았다. 그러다가 조는 제 숨소리를 자각하게 되었다. 들이마시고 내쉬고, 들이마시고 내쉬고, 들이마시고 내쉬는 행위를 인식하게 되자 웃음이 터져 나왔다.

"말이요!"

핀다가 고개를 돌려 무슨 소리냐는 듯 그를 바라봤다.

"말이요."

조가 되풀이했다.

"말에게 물을 먹이는 일이요. 말을 물가로 데려갈 수는 있어도…"

핀다는 고개를 갸웃하더니 기다렸다.

"…강제로 물을 마시게 할 수는 없다. 그게 마지막 법칙이죠, 맞죠? 받는 것? 받기로 **선택**하는 것?"

핀다는 아무 말도, 어떤 움직임도 없었다. 그저 계속 조를 지켜보며 듣기만 했다. 조의 머릿속에서 여러 생각들이 거침없이 떠오르기 시작했다.

"이 세상의 모든 주는 행위는 그에 상응하는 만큼 받을 마음이 없거나 받을 수 없다면, 성공을 가져오지도, 원하는 결과를 창출하지도 못해요. 받지 않으려 하면 타인의 선물을 거부하는 셈이고, 결과적으로 흐름을 막아버리는 것이기 때문이에요. 인간은 태어날 때부터 갈망을 지니고 있습니다. 그래서 아기만큼 모든 걸 자연스럽게 받아들이는 존재는 없죠. 만약에 젊고 활기차며 생기 가득한 삶을 유지하는 비결이, 어린 시절에는 누구나 지녔지만 나이 들면서 점차 사라져버린 소중한 특성들—큰 꿈을 품고, 호기심을 갖고, 스스로를 믿는 태도 같은—을 유지하는 데 있다면, 받는 것에 열려 있고 **굶주려** 있고 **갈망을 품는** 것도 그러한 특성 중 하나일 테죠."

이제 조의 눈은 빛나고 있었으며 그를 바라보는 핀다의 눈도 빛나고 있었다.

"제가 방금 말한 것들이요, 그러니까 큰 꿈을 품고 호기심을 갖고 스스로를 믿는 태도가 바로 수용적인 태도죠. 그게 **바로** 수용적인 거예요. 마음을 열고 기꺼이 받는 것은 마치…."

여기서 조는 잠시 고심하는 듯하더니 양팔을 펴고서 위를 바라봤다. 그 모습이 마치 그의 생각을 고스란히 전달할 수 있는 단어를 찾는 것 같았다.

"마치 **전부**와 같네요!"

조가 말을 멈췄다.

핀다는 잠시 그를 향해 활짝 웃은 후 입을 열었다.

"세상을 만들 때 유머 감각이 동원된 게 분명해. 그렇지 않나? 모든 진리와 겉모습 이면에 **반대의 것**이 숨어 있으니 말이야."

"재미있으라고 그런 것이겠죠."

조가 생각을 소리 내어 말했다.

"그렇지."

핀다는 기뻐하며 고개를 끄덕이며 대답했다.

"훌륭한 표현인데? '세상이 재미있으라고 사물과 현상은 항상 보이는 것과 정반대다.'"

"성공의 비결도 그렇죠. 성공을 **얻고 갖는** 비결은 주고 주고 또 주는 것이니까요. 얻는 비결은 주는 거예요. 그리고 주는 비결은 기꺼이 열린 마음으로 받는 것이고요. 이 법칙을 뭐라고 부르실 건가요?"

핀다가 눈썹을 치켜뜨며 물었다.

"**자네라면 뭐라고 부르겠나?**"

조가 주저 없이 대답했다.

"수용의 법칙이요."

핀다는 곰곰이 생각하며 고개를 끄덕였다.

"좋군."

두 사람은 한참 동안 침묵을 지키며 수용의 법칙, 그리고 역설 속에 가장 위대한 진리를 조심스레 숨겨둔 창조의 아이러니에 대해 깊이 생각했다.

조의 머릿속에 갑자기 어떤 생각이 떠올랐다. 그 바람에 자리에서 벌떡 일어설 뻔했다.

"점심시간이 거의 끝났는데요! 오늘 누구를 만날 예정이었나요?"

핀다가 그를 바라봤다.

"음?"

"누구를 만나기로 했냐고요. 마지막 법칙을 알려줄 사람이요. 금요일의 손님?"

핀다가 싱긋 웃었다.

"아, 금요일의 손님. 그건 바로 자네야, 친구."

그는 잠시 말을 멈췄다가 다시 말했다.

"바로 자네라고."

수용의 법칙

The Law of Receptivity

제대로 주기 위해서는

받는 것에도

열려 있어야 한다.

13장

순환

그날 오후 클레이슨 힐 신탁회사 7층의 분위기는 침울했다. 3분기 마감이 코앞인 터라 조와 동료들은 모두 같은 일에 매달리고 있었다. 실적을 조금이라도 더 올리기 위해 막판의 기적을 일으키고자 안간힘을 쓰는 중이었다.

아니면 조처럼 실적을 어마어마하게 올려야 했다.

하지만 뜻대로 되지 않았다. 칼 켈러만이 전화를 걸어 나쁜 소식에 쐐기를 박았다. 거액이 걸린 BK 계약이 정말로 조가 아닌 닐 핸슨에게 돌아갔다고 전했다.

조는 빈 컵을 물끄러미 바라보며 책상에 앉아 생각에 잠겼다. 동료들이 코트를 입고 서류 가방을 챙기기 시작했다. 이미 5시가 넘었다. 더 달성할 수 있는 일이 있다 해도 이제 10월과 4분기로 넘겨야 할 시점이었다.

○ ○ ○

"창밖으로 뛰어내리기 전에 나랑 얘기 좀 하지?

조가 고개를 들어보니 거스가 열린 사무실 문 앞에서 그를 바라보고 있었다. 조는 억지로 웃어 보이며 거스에게 이쪽으로 오라고 손짓했다. 조가 연필을 만지작거리는 동안 거스가 조의 책상 옆에 앉았다.

"거스, 방금 제 경력에서 아주 중요한 건을 놓쳐서 3분기 실적을 채우지 못했어요. 이제 어떤 일이 벌어질지 알 수 없네요. 그런데 정말 이상한 건…."

거스는 조의 이야기에 귀를 기울이면서 조끼 주머니 속 파이프를 꺼내 담뱃잎을 손가락으로 꾹꾹 눌렀다.

"정말 이상한 건, 물론 기분이 나쁘기도 하지만… 생

각만큼 그렇게 나쁘지는 않다는 거예요. 사실 이번 거래에서 핀다 회장님에게 도움을 청하지 **않았어요**. 칼 캘러만과의 대화에서 회장님의 이름조차 거론하지 않았고요. 어쩌면 큰 실수였을지도 몰라요. 하지만 다시 돌아간다 해도 아마 똑같이 했을 거예요. 무슨 말인지 알죠?"

조는 벽에 걸린 시계를 바라봤나.

"정확히 일주일 전 바로 이 시점에 저는 선배에게 핀다 회장님의 전화번호를 물어봤죠. 그리고 이젠…"

조가 한숨을 쉬었다.

"버티는 일만 남은 것 같아요."

거스는 주머니에서 작은 은색 라이터를 꺼내더니 이로 파이프를 물었다. 칙 소리와 함께 라이터를 켜고 파이프의 단단하고 하얀 입구에 불을 붙였다. 파이프에 불이 잘 붙을 때까지 몇 번 뻐끔거리더니 등을 기댔다.

사무실 한가운데에서 담배를 피우다니!

거스는 조를 향해 윙크했다.

"몇 모금만."

그는 파이프를 빨았다가 멀리 치우더니 입구를 들여

다보고 검지로 꾹꾹 눌렀다.

"그 건을 따냈는지의 여부로 자네의 성공을 판단할 수 없어. 그건 중요한 게 아니야."

"아니라고요? 그럼 뭐가 중요한가요?"

거스는 담배를 한 모금 더 빨더니 담배 연기로 또렷하게 동그라미 세 개를 만들고선 연기가 사라지는 모습을 지켜봤다. 그러고 나서 파이프 안의 담뱃재를 조의 휴지통에 털어버렸다.

"중요한 건 **무엇을 하느냐**가 아니야. **무엇을 달성했느냐**가 아니라고. 자네가 **어떤 사람인가**가 중요한 거야."

조는 갑자기 울고 싶어졌다.

"알아요. 그렇지만 그건…."

그는 고개를 들어 거스의 얼굴을 바라봤다. 거스의 친절한 표정을 보니 놀랍게도 핀다의 표정이 떠올랐다.

"너무 현실적이고 속물적으로 들리겠지만, 시장에서 아무런 성과를 내지 못한다면 그게 다 무슨 소용이겠어요? 성자는 될지 몰라도 굶어 죽을 수 있다고요!"

조는 허망한 눈길로 사무실을 둘러본 후 고개를 들어

시계를 봤다. 그러다가 갑자기 허리를 곧추세우고는 이렇게 외쳤다.

"아… 마지막 법칙!"

거스가 눈썹을 치켜올렸다.

"음?"

"수용의 법칙을 적용해야 해요! 베풂의 핵심은 열린 마음으로 받는 거잖아요. 하지만 그걸 어떻게 적용해야 할까요? 어떻게 하면 적극적으로 받을 준비를 할 수 있을까요? 솔직히 말해서 저는 이미 마음을 활짝 열고 받을 준비가 되어 있었어요. 정말이라고요!"

조는 한숨을 내쉬며 의자에 몸을 기대었다.

"적어도 저는 그렇게 생각했어요. 그런데 정작 받은 거라곤 손해뿐인 것 같네요."

거스가 몸을 앞으로 숙이면서 조의 어깨에 손을 올리고는 말했다.

"조, 걱정하지 말게."

그는 자리에서 일어섰다.

"걱정한다고 해서 문제가 해결되지 않아. 자네는 긴

일주일을 보냈어. 아내에게 돌아가게. 뒷정리는 내가 할 테니.”

거스의 태도에 담긴 어떤 면 때문에 조의 위축된 어깨가 풀어졌다. 그는 침울했던 기분이 조금 나아진 것을 느꼈다. 조는 거스에게 미소를 지었지만 그 모습이 힘없고 지쳐 보였다.

“고마워요, 거스. 먼저 가세요, 뒷정리는 제가 할게요.”

거스는 고개를 저으며 코트를 가지러 갔다.

“그거 아나? 자네 말이야, 일주일 사이에 다른 사람이 되었어.”

그는 엘리베이터로 걸어가 하강 버튼을 눌렀다. 문이 열리자 뒤를 돌아봤다.

“지금의 조는 원래 자네 안에 존재했다네. 그저 잘 보이지 않았을 뿐이지.”

거스가 웃었다.

“좋은 밤 되게, 조.”

“네, 거스도요. 그리고… 고마워요.”

조는 사무실에 홀로 남아 눈을 감고 조용히 앉아 있었다. 햇살이 잦아드는 게 느껴졌다. 정리를 할 시간이었다. 서서히 자리에서 일어섰다. 커피포트로 느릿느릿 걸어가 늦은 오후에 만들고 조금 남은 쓴 커피를 버렸다. 식고 축축한 커피 찌꺼기를 꺼내고, 큰 금속 실린더를 헹구고, 젖은 종이 타월로 커피 추출기 주변을 닦기 시작했다.

컵을 씻고 물기를 제거한 뒤 찬장에 깔끔하게 쌓아두면서 레이철과 그녀의 소문난 커피를 떠올렸다. 신기하게도 마음속에서 만족감이 비눗방울처럼 올라와 얼굴 전체로 미소가 번졌다. 조는 가만히 멈춘 채 평소엔 늘 분주하던 사무실의 고요한 정적에 귀를 기울였다.

그는 자신이 무엇을 느끼고 있는지 곰곰이 생각했다. 그 정적은 마치 살아 있는 것 같았다. 움직이진 않지만 귀를 기울이고 있는 듯한… 이걸 어떻게 표현할 수 있을까? **수용하다**라는 표현이 가장 어울릴 듯했다.

전화벨이 울렸다. 조는 몸을 돌려 수화기 쪽을 바라보

다 벽시계를 힐끗 봤다. 저녁 6시 15분에 전화라니? 그것
도 금요일에? 전화를 받았다.

"여보세요, 조 맞아요?"

모르는 목소리였다.

"아직 사무실에 있다니 뜻밖이네요."

"실례지만, 제가 아는 분인가요?"

조는 상대방이 누구인지 알 수 없었다.

"아니요, 제가 누군지 모르실 거예요. 제 이름은 핸슨
입니다. 닐 핸슨. 에드 반스가 전화번호를 알려줬어요."

"누구요? 에드 반스가 저를 소개해줬다고요? 확실한
가요?"

기억이 떠올랐다.

에드 반스. 조가 짐 갤러웨이에게 소개해준 경쟁사의
직원이다. 월요일의 통화. 조의 첫 번째 과제. '더 많은 가
치를 줘라…'

"잠시만요."

조가 더듬거렸다.

"그 계약을 따낸 닐 핸슨이라고요?"

"저기, 제가 진짜 난감한 상황에 처했어요."

다급한 목소리였다.

조는 듣고도 믿을 수가 없었다. BK 건을 그토록 손쉽게 따냈던 남자, 그 숙적이 또 다른 경쟁자의 추천으로 지금 조에게 전화했다. '난감한' 상황에 처했다면서.

"…에드가 가능성은 희박하지만 일단 당신에게 전화해보라고 했어요. 당신이 적당한 사람을 알고 있지 않을까 싶어서. 에드 반스를 좋은 고객사에 추천해줬다면서요. 큰 계약의 담당자에게서 곧 전화가 올 건데, 정말 큰 건이에요. 그 사람이 엄청난 곤경에 처했어요. 거래처 하나가 철수하는 바람에 본격적으로 일에 착수하기도 전에 대체할 업체를 서둘러 찾아야 하는 상황이거든요."

"어떤 기업의 계약인데요?"

조가 물었다.

상대방이 잠시 말을 멈췄다.

"말해도 믿기 힘드실 거예요."

그는 문제의 기업명을 말해주었다.

조는 잠시 숨을 멈췄다. 빅 카우나는 피라미로 보일 정도로 규모가 큰 건이었다.

그냥 큰 건이 아니라 어마어마하게 큰 건이었다.

어지러웠다.

"뭐가 필요하다고 하던가요?

조가 조심스럽게 물었다.

"잠깐만요, 지금 그쪽에서 전화가 왔네요…."

닐 핸슨은 잠시 통화를 중단했고 조는 서성이며 기다렸다. 조의 인생에서 가장 긴 10~15초가 지난 후 다시 목소리가 들렸다.

"지금 그쪽에 잠시 기다리라고 했어요. 좋아요, 설명하죠. 그들은 글로벌 호텔 체인 세 곳을 인수해서 하나로 통합한 뒤 비즈니스 콘퍼런스와 리조트에 중점을 두고 대대적으로 브랜드를 재편하려고 해요. 그 첫걸음으로, 인수 대상에 포함된 고급 크루즈 브랜드를 재출범하기로 했어요. 고작 3주 만에 말이죠."

조는 묻기가 두려워졌다.

"그런데요?"

"그런데 막판에 중요한 계약 하나가 틀어졌어요. 그들

과 손잡았던 거래처가 갑자기 공급가로 장난을 치더니 결국 발을 빼버렸대요. 우리가 소개해주려고 했던 다른 거래처들은 규모나 품질 기준을 맞추지 못하고요. 규모도 충분하지 않을뿐더러 솔직히 실력도 별로예요. 누군가 이 문제를 해결할 수만 있다면 엄청난 계약을 따내는 셈이죠. 하지만 이 규모와 가격, 일정을 맞출 수 있는 사람을 찾을 수가 없어요."

"공급 물품이 뭔가요?"

통화 상대는 금요일 오후에 들을 법한 지치고 패배감에 절은 목소리로 대답했다.

"프리미엄, 최상급 커피요. **수십만** 명의 고객에게 팔 거예요. **어마어마하게** 품질이 좋아야 하고 심지어 많은 양이 필요해요. 그것도 3주 안에 조달해야 하고요! 3주요! 아무도 이 조건 근처에도 다다르지 못했어요!"

조는 서서히 길게 숨을 들이마셨다. 그러고 나서 의자에 천천히 앉았다.

얼굴에 미소가 만연하게 피어났다.

"제가 적합한 사람을 알고 있는 것 같네요."

14장

기꺼이 주는 사람

한 젊은 여성이 주차장에서 빠져나왔다. 눈부시게 내리쬐는 8월의 햇살에 눈을 깜박였다.

"잘할 수 있어, 클레어."

그날 아침 클레어는 이 말을 벌써 세 번째 되뇌고 있었다. 이 회사와 몇 주째 소통하고 있지만 전화와 이메일을 주고받은 게 전부였다. 드디어 오늘 담당자를 직접 만나기로 했다.

"잘할 거야."

클레어는 같은 말을 또다시 되풀이하더니 회사 건물을 향해 걸어갔다.

클레어는 이 신생 회사가 놀라울 정도로 빠르게 성공을 거둔 정확한 이유를 알아보고자 지난 몇 주간 엄청나게 조사했다. 회사의 창립자 중 한 명이 대단히 운 좋게도 거액의 계약을 수주했고 그 일을 계기로 이 회사를 설립한 지 1년도 되지 않아 천문학적인 성공을 거뒀다.

한 잡지는 "일생에 한 번 있을까 말까 한 달콤한 계약"이라고 묘사했다. 하지만 그 계약이 있고 나서 10개월이 지난 지금까지 그와 두 동업자는 연이어 행운을 누리고 있었다.

젊은 나이임에도 '미다스의 손'이라는 명성으로 자자했다.

클레어는 미리 받은 주소에 도착했다. 시내의 오래된 의류 공단에 있는 개조한 공장 건물로, 주변은 고급 식료품점과 고층 아파트로 둘러싸여 있었다. 안을 들여다보니 고풍스러운 타일이 깔린 로비에 회사명을 손으로 새겨 넣은 커다란 목판이 보였다.

그녀는 상체를 뒤로 젖히고 건물 위를 올려다보며 층수를 세어보았다. 5층이라… 꼭대기 층인 것 같았다. 햇살이 강해 조금 어지러웠다.

"성공에 도취되지는 않았나 보네."

그녀는 좁은 로비를 지나 구식 엘리베이터에 들어서며 중얼거렸다.

○ ○ ○

레이철의 소문난 커피의 안내 데스크 직원이 따뜻한 미소로 클레어를 맞이했다. 긴 홀을 지나 '브레인스토밍'이라고 새겨진 문으로 안내했다. 그녀는 부드럽게 두 번, 조금 더 또렷하게 두 번 더 노크했다.

문이 활짝 열리며 한 남자가 외치는 소리가 들렸다.

"들어오세요!"

둥근 얼굴에 안경을 쓴 30대 후반의 남자가 활짝 웃으며 클레어를 널찍한 회의실로 안내하더니 악수를 청했다.

"당신이 클레어로군요. 저는 핸슨입니다. 닐 핸슨. 만나서 반갑습니다. 제안서를 정말 성심성의껏 작성하셨더라고요. 감사하게 생각합니다."

클레어는 숨이 턱 하고 막히는 것 같았다. 방 한가운데 놓인 반질거리는 커다란 원목 테이블 위에 정교한 축소 모형이 놓여 있었다. 작은 산악 마을처럼 보였다. 그 마을 외곽에 일렬로 늘어선 풍력 터빈들이 계단식 밭을 따라 이어진 관개 시스템에 전기를 공급하는 것 같았다. 클레어는 디자이너로서 시스템 전반의 단순함과 효율성에 감탄했다. 정말 놀라웠다.

"정말 감사합니다, 핸슨 씨."

클레어가 탁자 건너편 벽을 올려다보니 숨죽일 만큼 아름다운 사진들이 걸려 있었다. 모두 다양한 연령과 옷차림의 아이들을 찍은 흑백사진이었다.

남자는 클레어의 눈길이 닿은 곳을 보고서 따스한 미소를 지었다.

"멋지죠? 아이들의 얼굴에 담긴 믿음보다 더 강력한

힘은 없는 것 같아요."

그는 클레어가 사진을 하나씩 살펴보는 동안 함께 탁자 주변을 걸었다.

"대부분 현지 거래처 직원들의 자녀예요. 레이철이 지난 출장에서 전부 직접 찍은 겁니다. 레이철도 당신을 만나야 하는데 지금 해외에 있어요. 가을에 시작할 대규모 프로젝트를 앞두고 주요 거래망을 구축하려고 중앙아메리카에 갔어요. 큰 프로젝트거든요. **어마어마하게 큰 사업이에요.** 그런데 여기 제 파트너를 만나러 오신 거죠?"

클레어가 고개를 끄덕였다.

"이제 만나러 가시죠."

닐 핸슨이 옆 사무실로 연결되는 문을 가리켰다.

"그가 기다리고 있어요."

○ ○ ○

"클레어, 반가워요! 시간 내주셔서 감사합니다."

레이철의 소문난 커피의 세 번째 창립자가 인사했다.

"선생님, 뵙게 되어 영광이에요."

클레어는 속으로 의아해하며 대답했다.

'저 사람이 왜 내게 고마워하지?'

"편하게 조라고 불러요. '선생님'이라고 부르면 누구에게 말하는지 알 수 없잖아요."

그 말에 클레어가 미소 지었다. 긴장되긴 했지만 남자의 목소리를 듣자 신기하게도 마음이 편해졌다.

"그럴게요, 조."

"고맙습니다."

조가 말했다.

그는 클레어에게 의자를 권하고 나서 자리에 앉았다.

"클레어, 당신의 제안서를 보고 우리 모두 얼마나 높게 평가하는지 몰라요. 굉장히 공을 들이셨더라고요."

그는 잠시 멈췄다가 다시 말을 이어갔다.

"알려드려야 할 게 있어요. 사실 가을에 있을 마케팅 캠페인을 당신의 경쟁사에 맡기기로 결정했습니다."

클레어는 아침 내내 이런 순간에 대해서도 마음의 준비를 했다. 그런데도 천둥이 친 듯 충격을 받았다.

"아… 직접 말씀해주셔서 감사합니다."

"놀라지 않으시네요?"

"선생님, 아니, 조, 제가 왜 놀라겠어요. 말씀하신 경쟁사는 큰 회사고 저는 혼자 일하는 프리랜서잖아요. 사실 그쪽이 저보다 이 회사에 더 많은 것을 제공할 수 있을 테니까요."

"솔직히 말하자면, 우리는 그렇게 생각하지 않습니다. 물론 그쪽이 더 노련하고 일을 훌륭하게 처리하겠죠. 하지만 클레어, 당신은 뛰어난 재능을 가졌어요. 게다가 당신에겐 선량한 마음이 있어요."

"선량한 마음이요?"

클레어는 어리둥절했다.

"방금 이 계약을 당신의 경쟁사와 진행할 거라고 말했죠. 그런데도 당신은 제게 고맙다고 하며 그쪽을 칭찬했어요. 선량한 마음이 있는 거죠. 사실 그 때문에 오늘 직접 만나자고 한 겁니다. 당신의 경쟁사에 맡길 캠페인도 중요하지만 우리에겐 또 다른 프로젝트가 있어요. 거시적으로 보면 훨씬 더 중요한 프로젝트예요."

조가 계속 설명했다.

"제 파트너들과 저는 대규모 글로벌 사업을 시작하려
고 재단을 설립했어요. 레이철의 소문난 커피 재단인데,
중앙아메리카, 아프리카, 동남아시아 등 전 세계의 커피
생산국의 원주민 공동체와 협력해서 지역 기반의 자립 가
능한 협력체를 만드는 게 목적이죠."

조는 클레어가 그의 말을 소화할 틈을 주기 위해 잠시
말을 멈췄다.

"이 프로젝트를 통해 세계 곳곳의 공동체들이 진정한
변화를 지속적으로 겪게 될 겁니다. 그런데 이 프로젝트
에 충분한 자금을 지원하려면 상당히 많은 돈이 필요해
요. 범세계적 차원에서 재원 마련을 위한 업무를 조율하
고 관리할 사람이 필요해요. 지금까지 해왔던 일과 조금
다르겠지만 관심이 있다면 당신이 그 역할을 해줬으면 좋
겠어요."

클레어는 너무 놀라 한마디도 할 수 없었다.

조는 마치 클레어의 말을 들은 양 고개를 끄덕이더니
계속 설명했다.

“물론 신중하게 생각할 만한 제안이겠지요. 제 아내 수전이 좀 더 자세하게 설명해줄 겁니다. 수전은 제가 아는 가장 똑똑한 토목 기사예요. 운 좋게도 우리는 시청에서 일하던 수전을 잘 설득해서 이 사업에 합류시킬 수 있었어요. 그리고….”

그는 손목시계를 봤다.

“잠시 후 수전과 아래층에서 만나 점심을 먹으러 갈 겁니다. 같이 가실래요?”

클레어는 적당한 말을 찾느라 말을 잇지 못했다.

“선생님, 아니 조….”

조는 하고 싶은 **말을 하라는** 듯 클레어를 향해 친절하게 고개를 끄덕였다.

“어떻게, 어떻게 이 모든 일을 다 하시는 거죠?”

조는 다소 어리둥절해했다.

“뭘 말이죠?”

“어떻게 이렇게 놀라운 상황을 만드시는 거죠? 이 일을 시작한 지 1년도 채 되지 않았잖아요. 대부분은 사업을 새로 시작하면 자리 잡느라 한동안 고전하는데, 대표님과 동업자분들은 벌써부터 대규모 프로젝트에 착수해서 전 세계에 영향을 미치고 있잖아요. 제가 하려는 말은, 이런 제안을 해주셔서 정말 영광이고 그 프로젝트에 대해 더 듣고 싶은 마음이 있어요. 그것도 **아주 많이요.** 하지만 제가 가장 관심이 가는 것은 이 회사 사람들이 어떻게 일하는지 배우는 거예요. 단순히 운이 좋거나 우연만으로 성공한 건 아닐 테니까요. 세 분이 발견한 방법이 있는 것 같은데, 저는 그게 무엇인지, 그 방법이 어떤 효과를 낳는지 정말 알고 싶어요!"

조는 잠시 생각에 잠긴 듯했다. 클레어는 자신이 너무 거침없이 말해서 조가 기분이 상한 건 아닌가 하는 생각이 들기 시작했다. 그때 조가 깊게 숨을 들이마시더니 입을 열었다.

"명확하고 완전한 대답이 필요한 질문이로군요. 그 질문에 대한 답은 점심을 먹으면서 해드릴게요. 시간이 되신다면요. 이아프라테라는 식당에 가본 적이 있나요? 우리가 제일 좋아하는 곳이에요."

클레어는 자기도 모르게 대답했다.

"감사합니다. 가본 적 없어요."

조는 자리에서 일어서며 빙긋이 웃었다.

"그곳에 소개해드리고 싶은 사람이 있어요."

천문학적 성공을 이루는

다섯 가지 법칙

1. 가치의 법칙

당신의 진정한 가치는 당신이 받은 대가보다 얼마나 더 많은 가치를 제공하느냐에 달려 있다.

2. 보상의 법칙

당신의 소득은 당신이 얼마나 많은 사람에게 얼마나 많이 도움을 주는지에 정비례한다.

3. 영향력의 법칙

당신의 영향력은 타인의 이익을 얼마나 앞세우는지에 따라 결정된다.

4. 진정성의 법칙

당신이 줄 수 있는 가장 값진 선물은 당신 자신이다.

5. 수용의 법칙

제대로 주기 위해서는 받는 것에도 열려 있어야 한다.

한 권의 책이 구상되고 잉태되고 세상에 나오는 과정은 기적과도 같은 일이다. '감사의 말'은 무수히 많은 사람들의 창의적 노력과 지원에 충분히 보답하기에 부족한 표현이다. 이 책이 탄생하기까지 큰 도움을 준 많은 분들에게 심심한 감사를 전한다.

스콧 앨런, 섀넌 애니마, 브라이언 비로, 조지 브루멜, 짐 '짐보' 브라운, 앤절라 로어 크라이슬러, 리 코번, 존 밀턴 포그, 랜디 게이지, 테사 그린스펀, 존 하리차란, 필립 해리먼, 톰 홉킨스, 제임스 저스티스, 게리 퀠러, 패멀라 맥브라이드, 프랭크 매과이어, 아이번 마이스너 박사, 폴 제인 필저, 토머스 파워, 니도 쿠베인, 마이클 루빈, 론다

셰어, 브라이언 트레이시, 아니 워런, 더그 위드, 크리스 와이드너, 리사 윌버. 이들은 여러 단계에서 원고를 읽고 깊은 통찰과 현명한 판단, 열정적인 조언을 아낌없이 제공해주었다.

애나 가브리엘 만은 각 단계마다 원고를 꼼꼼히 검토하고 매 순간 흔들림 없는 믿음으로 이 프로젝트를 떠받쳐주었다. 애나는 '진정성의 법칙'에 대한 영감을 주었다.

'영향력의 법칙'의 귀감으로 삼을 만한 톰 스콧은 천재적인 전략과 뛰어난 인터넷 사용 능력으로 이 책이 세상에 나오도록 이끌어주었다.

수많은 이들의 위대한 멘토인 밥 프록터는 '핀다'라는 인물을 고안하는 데 영감을 주었다.

포트폴리오Portfolio 출판사의 뛰어난 팀원인 에이드리엔 슐츠, 에이드리언 자크하임, 빌 바이서, 코트니 영. 이들이 지금처럼 많은 사람에게 큰 보탬이 되고 앞으로도 계속 승승장구하길 바란다! 이 작은 책을 이들보다 더 잘 만들어줄 곳은 없을 것이다.

세계 최고의 에이전트인 마거릿 맥브라이드, 도나 데

구티스, 앤 봄케와 페이 애치슨. 에이전트이자 편집자인 동시에 '가치의 법칙'을 지지하는 훌륭한 옹호자이자 본보기가 되어준 이들이다.

여기서 미처 호명하거나 열거하지 못한 동료들과 친구들에게도 감사를 전한다. 이 책의 핵심 아이디어를 형성하는 데 기여한 사람들이 수없이 많다.

아울러 그 누구보다 중요한 존재, 열성적인 '금요일의 손님'이 되어준 독자 여러분에게도 감사를 전한다. 기꺼이 베풀기를. 언제나 마음을 열고 받아야 하는 것도 명심하길 바란다.

2007년에 초판이 출간된 이후 이 책이 성장하는 데 많은 사람들이 도움을 주었다. 여기서 모두에게 감사를 전할 수 없지만, 그럼에도 이 글을 통해 많은 분에게 인사를 전하고 싶다.

우선, 항상 뛰어난 능력을 보여주는 포트폴리오 출판사 팀원들 가운데 초판의 감사 인사 이후 합류한 재클린 버크, 브룩 케리, 모린 콜, 나탈리 호르바체프스키, 브리트니 윈키에게 고마움을 전한다.

아울러 오디오북 제작을 맡은 질 데이나와 이 소소한 이야기를 약 스무 가지 버전으로 세계 곳곳에 전파해준 수많은 에이전트와 편집자, 번역가, 출판사 들에게도 감사한다. 이곳 미국에서 이 책을 퍼뜨리는 데 도움을 준 잭 커버트, 리사 얼 매클라우드, 그리고 그 밖의 많은 분들에게도 감사를 전한다.

언제나 밝은 에너지와 무한한 재능으로 '더 기버' 시리즈의 정신을 실천에 옮기는 단체 기버 인터내셔널Go-Givers International을 이끌며 많은 일을 동시에 해내는 캐시 타헤넬에게도 깊은 감사를 전한다.

마지막으로, 우리의 '걸어 다니는 홍보대사'인 해리엇 도미니크, 래리 켄들, 알린 소런슨, 랜디 스텔터, 그리고 그 밖의 많은 사람들까지. 당신들은 정말이지 '우주에 닿을 정도로' 최고다.

모두에게 진심 어린 감사를 전한다.

독자들을 위한 토론 가이드

많은 독자가 북클럽, 스터디 모임, 종교 모임, 지역 공동체, 혹은 친구와 가족 들과 함께《더 기버 1》을 읽고 광범위한 토론을 펼쳤습니다. 독자들의 토론에 길잡이가 될 만한 질문들을 다음과 같이 소개합니다.

1. 조는 놓친 거래를 되찾기 위해 '거물들'과 인맥을 쌓고 싶어 펀다 회장을 찾아가고, 펀다가 그에게 '영향력과 그것을 활용할 수단'을 줄 거라 믿습니다. 조는 바라던 것을 얻었나요? 만일 그렇다면 어떻게 얻었나요? 실패했다면 그 이유는 무엇인가요?

2. 조는 손쉽게 핀다를 만나게 된 것에 놀라고, 성공한 사람들이 자신의 성공 비결을 기꺼이 다른 사람들과 자주 공유한다는 핀다의 말에 또 한 번 놀랍니다. 이 말이 진리라고 생각하나요? 당신이라면 뭔가 배우고 싶은 대상을 만나기 위해 어떤 방법을 쓸까요?

3. 핀다는 조에게 이렇게 말합니다. "세상은 자네가 기대한 대로 자네를 대한다네…. 자네의 삶에서 벌어지는 일들에 자네가 얼마나 큰 영향력을 미치는 알게 되면 아주 놀랄걸세." 이 말에 동의한다면 그 이유는 무엇인가요? 동의하지 않는다면 그 이유는 무엇인가요? 이 말이 진리임을 보여주는 예를 들 수 있나요?

4. 핀다는 조에게 다섯 가지 성공의 법칙을 보여주는 전제로 조건을 제시합니다. 법칙을 배운 당일 그것을 실천에 옮겨야 한다는 조건입니다. 조는 다섯 가지 법칙을 하나씩 실천하면서 조건을 제대로 충족했나요? 그랬다면 어떤 방식으로 해냈나요?

5. 에르네스토는 형편없는 식당과 괜찮은 식당, 훌륭한 식당의 차이를 설명합니다. 에르네스토가 말한 훌륭함의 정의에 부합하는 비즈니스 사례를 알고 있나요? 그들은 어떻게 그런 성과를 달성했나요?

6. 에르네스토는 조에게 '이게 돈이 되는가?'가 **훌륭한** 질문이지만 **첫 번째** 질문이 되면 안 된다고 말합니다. 그 이유는 무엇인가요? 만일 그 질문을 가장 먼저 하면 어떻게 될까요?

7. 니콜은 과거에 세상에 두 가지 종류의 사람―부자가 되는 사람과 선행을 하는 사람―이 있다고 믿었다고 말합니다. 선행을 하는 것과 부자가 되는 것 사이에, 즉 주는 것과 받는 것 사이에 본질적인 갈등이나 모순이 있다고 생각하나요?

8. 니콜은 조에게 "**망하느냐 부자가 되느냐는 전부 결심에 달렸다**"라며 성공은 머릿속에서 결정되는 것이고 "나머

지 것은 그에 따라 펼쳐지는 것"이라고 말합니다. 이 말에 동의하나요? 동의한다면 그 이유는 무엇인가요? 동의하지 않는다면 그 이유는 무엇인가요? 이 말이 진리임을 보여주는 예를 들 수 있나요?

9. 조가 같은 층에 근무하는 모두에게 커피를 돌리며 '바보처럼' 느껴진다고 말한 이유는 무엇인가요? 거스는 "때로는 바보처럼 느껴지고 심지어 바보처럼 보여도 그냥 할 일을 하면 되네" 하고 말합니다. 바보처럼 느껴짐에도 할 일을 해서 큰 보상을 받은 적이 있나요?

10. 핀다는 일을 하는 세 가지 보편적인 이유가 생존, 저축, 봉사라고 말합니다. 이를 달리 표현하면, 직업을 갖고 경력을 쌓으며 소명을 따르는 것이라 할 수 있습니다. 핀다는 대부분의 사람들이 첫 번째에 집중하지만, 진정한 성공을 거둔 사람들은 세 번째에 집중한다고 말합니다. 진정한 성공을 거둔 사람을 알고 있나요? 당신은 어디에 속한다고 생각하나요?

11. 샘은 '윈윈'이 전적으로 긍정적인 개념인데도 그것을 비판하는 것처럼 보입니다. 샘이 이와 관련해서 조에게 정확히 무엇을 조심하라고 경고하나요? 당신의 삶에서 이에 부합하는 예를 본 적이 있나요?

12. 샘은 조에게 영향력 있는 사람을 영향력 있게 만드는 것은 돈, 지위, 업적이 아니라 타인의 이익을 제 것보다 앞세우는 행위라고 말합니다. 이 말에 동의한다면 그 이유는 무엇인가요? 동의하지 않는다면 그 이유는 무엇인가요? 사례로 들 만한 유명 인물 또는 주변 인물이 있나요?

13. 데브라 대븐포트가 남편이 그녀를 떠난 일이 매우 고통스럽고 힘든 경험이었음에도 '선물'이라고 묘사하는 이유는 무엇인가요? 데브라는 그 선물을 "풀고 열고 이해하고 사용하기까지" 꼬박 1년이 걸렸고 이제 그 선물을 모든 청중과 공유하길 원한다고 말합니다. 이 말은 무슨 뜻인가요?

14. 13장에서 거스는 조에게 "일주일 사이에 다른 사람이 되었어"라고 말합니다. 정말 그렇다고 생각하나요? 만일 그렇다면 어떤 방식으로 이루어졌나요? 이 이야기에서 조가 그런 변화를 겪은 순간을 하나만 선택해야 한다면 무엇일까요?

15. 그 주가 끝나갈 무렵 조는 인생을 바꿔놓을 뜻밖의 전화를 받습니다. 우리의 경험에 따르면, '갑작스레' 벌어지는 일은 보이는 것과 달리 우연히 일어난 게 아닙니다. 이 이야기의 앞부분에서 조가 그런 전화가 걸려 오도록 씨앗을 심은 순간을 찾을 수 있나요?

16. 핀다의 세 친구인 에르네스토, 니콜, 샘은 처음 세 가지 법칙을 조에게 직간접적으로 설명해줍니다. 네 번째 법칙은 데브라 대븐포트의 공개 연설에서 언급되어 간접적으로 배우게 됩니다. 하지만 다섯 번째 법칙은 무엇인지, 심지어 이름조차 아무도 알려주지 않습니다. 저자들이 핀다가 이런 식으로 상황을 유도하

도록 설정한 이유가 무엇이라고 생각하나요?

17. 에르네스토를 처음 만났을 때 조는 에르네스토가 천문학적 성공을 이룬 인물임을 알지 못했습니다. 다음 날 니콜을 만났을 때도 몰라봤습니다. 저자들이 이런 설정을 통해 전달하려 했던 함의는 무엇이었을까요? 이 이야기 속에는 에르네스토 외에도 실체가 밝혀진 뒤 조를 깜짝 놀라게 한 네 명의 인물이 등장합니다. 그 네 사람은 누구인가요?

이 책에 관한 Q&A

이 책을 처음 발간하고 나서 우리는 이메일과 대면 만남을 통해 독자들에게 무수히 많은 질문을 받았습니다. 그중 가장 자주 들었던 질문 몇 가지를 소개하고 이에 관한 최선의 답변을 정리했습니다.

Q. 어떻게 이 책을 공동 집필하게 되었나요?

A. 밥 버그는 최고의 세일즈 전문가이자 연사였고, 존 데이비드 만은 교육자 겸 성공한 기업인이었습니다. 둘 다 책을 출간했던 작가였는데, 밥이 쓴 글의 편집을 존이 맡게 되면서 서로 알게 되었지요. 우리의 배경은 사뭇 달

랐지만(밥은 아마추어 복싱 챔피언이었고, 존은 콘서트 첼리스트였습니다), 중시하는 가치와 세계관이 잘 맞는다는 것을 깨닫고 함께 책을 쓰게 되었습니다.

Q. 이야기는 어떻게 구상했나요?

A. 밥이 존에게 수십 장의 노트와 초안 장면들을 주며 '더 기버'라는 제목의 우화를 쓰고 싶다는 의견을 제시했습니다. 베푸는 사람의 힘, 타인의 삶에 가치를 더하는 것의 힘이라는 핵심 아이디어가 우리를 사로잡았죠. 그래서 거기서부터 이야기를 펼쳐나갔습니다. 존이 주요 장면이나 각 장의 큰 윤곽을 그려서 밥에게 이메일로 보내면, 둘이서 전화로 토론하거나 만나서 브레인스토밍을 했습니다. 어떤 대사를 누가 썼는지 기억하기 어려울 정도로 열띤 협업 과정이었습니다.

Q. 다섯 가지 법칙은 어디서 나왔나요?

A. 핀다가 조에게 가르쳐주는 법칙들은 우리가 비즈니스와 일상에서 경험하고 발견한 것에 더불어 셀 수 없

이 많은 스승들의 지혜와 경험에서 도출해낸 것입니다. 특정 멘토, 학파, 종교, 철학에서 가져온 것이 아니며 우리가 고안한 독창적인 아이디어도 아닙니다. 그보다는 진정한 인간의 의미를 구성하는 핵심적인 원칙에 가깝습니다.

집필을 시작했을 당시, 우리는 이 다섯 가지 법칙을 아직 완성하지 못했고, 심지어 다섯 개가 될지도 몰랐습니다. 그래서 집필이 끝나갈 무렵에 다섯 번째 법칙이 어떻게 도출되는지를 보고 둘 다 조만큼이나 놀라고 흥분했습니다. 사실, 조가 다섯 번째 법칙을 깨닫는 장면은 우리가 그 장면을 쓴 날의 모습과 놀라울 정도로 비슷했습니다.

Q. 《더 기버 1》은 100퍼센트 허구인가요, 실화를 바탕으로 한 이야기인가요?

A. 이 이야기에 등장한 인물 대부분은 (아주 친하진 않지만) 우리가 아는 사람들을 투영해 만든 것입니다. 이야기에 나오는 경험은 대부분 허구이지만 우리가 목격하거나 직접 겪은 경험을 토대로 합니다. 몇몇 장면은 실화에 근거하기도 했습니다. 이를테면, 핀다와 래리 킹의 담화

는 밥이 실제로 래리 킹과 나눈 대화였고, 핀다의 성공적인 결혼 비결에 관한 단락은 밥이 열두 살에 그의 부친과 나눈 대화입니다.

조의 이야기는 허구이지만, 그에게 벌어지는 일들은 허구가 아닙니다. 우리는 실생활에서 그런 일이 벌어지는 것을 숱하게 목격했고 여러분도 분명 겪은 적이 있으리라 생각합니다.

Q. 원하는 것을 기필코 손에 넣는 사람은 나쁘다는 뜻인가요?

A. 전혀 아닙니다. 우리는 그런 사람을 아주 좋아합니다. 그들은 뜻을 행동으로 옮기고 일을 해냅니다! 다만 우리는 타인에게 가치를 주는 데 초점을 맞추지 않은 채 원하는 것을 기필코 손에 넣으려고 하면 헛수고만 할 뿐이라는 메시지를 전하고 싶었습니다. 이야기 초반에 조가 겪은 상황이 이를 잘 보여줍니다.

기버가 되면 실제로는 원하는 것을 더 쉽게 손에 넣을 수 있습니다. 우리가 아는 한, 기꺼이 주는 사람은 하나같이 원하는 것을 손에 넣는 능력이 아주 뛰어났습니다.

기꺼이 주는 사람의 반대가 있다면, 그건 기필코 손에 넣는 사람이 아니라 세상이 자신에게 도움이 될 방법만 끊임없이 찾고 그것을 가장 중시하는 사람일 것입니다.

Q. '선량한 사람이 1등을 한다'가 이 이야기가 제시하는 도덕관인가요?

A. 선량한 사람이 되는 게 문제가 아닙니다. 선량하고 진정으로 친절한 사람이 되는 것은 그 자체로 훌륭하고 탄탄한 관계를 쌓는 데 도움이 되지만, 그렇다고 반드시 성공으로 이어지지는 않습니다. 세상에는 선량하지만 재정적 어려움을 겪는 사람들이 많습니다.

우리는 성공이 특정한 행동 습관이 낳은 결과라는 메시지를 전달하고 싶었습니다. 이를테면 가치를 창출하고, 사람들의 삶에 긍정적인 영향을 미치고, 타인의 이익을 앞세우고, 진실하고, 늘 열린 마음으로 받을 줄 아는 겸손함을 보여야 한다는 것입니다.

Q. 저는 자선단체에 줄곧 기부를 해왔습니다. 그렇다면 저는 기꺼이 베푸는 사람인가요?

A. 대답하기 까다로운 질문입니다. 사람들은 '베푼다'고 하면 대개 자선을 목적으로 돈을 기부하는 일을 떠올립니다. 자선을 목적으로 주는 것은 그 자체로 아름답고 정의로운 행동입니다. 하지만 우리가 말하는 기버의 의미는 아닙니다. 우리는 반드시 **금전적으로** 주는 것을 말하려는 게 아닙니다. 아리아나 허핑턴이 추천의 글에서 멋지게 표현한 대로 우리가 말하는 '베풂'은 '주는 사람이 되는 것'입니다. 아이디어, 주의, 관심, 시선, 그리고 시간과 에너지를 주는 사람 말입니다. 한마디로 타인에게 **가치를** 주는 사람을 뜻합니다.

Q. 성공하고 부자가 된 뒤에 베풀면 훨씬 쉽지 않나요?

A. 사실 그와 반대입니다. 애초에 베푸는 사람이 되는 게 (이 두 단어를 어떻게 정의하든) 성공하고 부자가 되는 **방법입니다.** 베푸는 사람이 되기 위해 돈이 필요한 게 아닙니다. 이 과정은 당장 어떤 식으로든 타인의 삶에 가치를

더함으로써 시작됩니다. 거기서부터 출발합니다.

Q. 기버가 되면 이익을 창출하는 데 무관심해지나요?

A. 그 반대입니다. 기버는 일반적으로 큰 이익을 창출합니다. 상대에게 상당히 많은 가치와 환상적인 경험을 제공하기 때문입니다. 핵심은 주된 초점을 어디에 두느냐입니다. 이익을 우선하다 보면 큰 가치를 제공할 기회를 놓칠 수 있습니다. 하지만 상대의 경험에 초점을 맞춘다면 건전한 수익이 뒤따를 것입니다.

이 책의 후속작인 《더 기버 2》에서 우리는 이 원리를 이렇게 표현했습니다. "돈은 가치의 메아리다. 가치가 번개라면, 돈은 번개에 뒤따르는 천둥이다." 가치가 먼저 오고, 돈은 그에 자연스럽게 따라오는 결과로 받게 됩니다.

Q. 제가 운영하는 가게는 규모가 작고 유지도 쉽지 않습니다. 그럼에도 '가치의 법칙'을 실천할 수 있을까요?

A. 어마어마한 가치를 더하기 위해 반드시 부유층을 상대하거나 고급 제품을 판매하는 사업이어야 할 필요는

없습니다. 에르네스토는 '훌륭한 식당'을 예로 들었지만, 샌드위치 가게나 동네 커피숍에도 적용할 수 있습니다. 특별한 가치를 제공하는 데 초점을 맞추는 일은 고가의 차량을 취급하는 메르세데스벤츠Mercedes-Benz에도, 저가 항공사인 사우스웨스트 항공Southwest Airlines에도 성공 비결이 될 수 있습니다. 가치는 **가치**일 뿐 가격이 아닙니다. 에르네스토는 **핫도그**라는 소박한 메뉴로 '올해 최고의 식사 경험 명소'로 선정됐다는 걸 기억하세요.

Q. 기버가 되려면 제품이나 서비스를 무상으로 줘야 하나요?

A. 고객과의 관계를 맺고 확장하기 위해 제품이나 서비스를 무상으로 제공하는 것은 좋은 마케팅 전략이 될 수 있을지 모르겠지만, 기버가 되는 길은 아닙니다. 에르네스토는 핫도그를 돈을 받고 팔았습니다. 니콜의 소프트웨어에도 가격이 책정되어 있습니다. 분명 핀다도 기조연설이나 기업 컨설팅을 하고 정당한 수수료를 받을 것입니다.

기꺼이 베푸는 사람이 된다고 해서 일을 하고 거기서 발생하는 이익을 챙기지 말아야 한다는 뜻이 아닙니다. 만일 그렇다면 기꺼이 베푸는 사람들은 대부분 춥고 배고 픈 처지가 될 것입니다.

Q. '보상의 법칙' 때문에 혼란스럽습니다. 니콜은 선량한 사람이 되는 게 정말 중요하지 않다고 말하는 건가요?

A. (어떻게 정의하든) 선량한 사람이 되는 건 굉장히 중요합니다. 하지만 그것이 소득을 결정하지는 않습니다. 돈은 당신의 선량함이나 가치의 척도가 아니라, 당신이 미치는 **영향**의 척도입니다.

Q. 다른 사람의 이익을 내 것보다 앞세우라는 건 자기 희생을 뜻하는 건가요?

A. '기버' 정신은 자기희생, 상호 의존 또는 순교의 의미가 아닙니다. 타인의 이익을 앞세우는 일이나 "상대방이 이기게 하는 게 자네가 이기는 것"이라는 샘의 말은 자신의 필요와 이익을 부정하는 게 아닙니다. 이는 타인에

게 초점을 두면 자신의 필요도 채워질 것이라는 믿음을 말합니다. 당신이 타인의 이익을 앞세우는 사람임을 주변에서 알게 되면 이런 일이 벌어집니다!

Q. 이 책에서 제시하는 가치관에 동의하지만 그렇게 살면 제대로 된 결과를 얻기까지 더 오래 걸리지 않나요?

A. 어느 분야에서든 성공의 결실을 제대로 맺으려면 시간이 걸립니다. 그렇다 해도 기꺼이 베푸는 태도는 대개 더 많은 시간이 아닌, 더 적은 시간 안에 긍정적인 결과를 일으킵니다. 실제로 많은 독자들이 삶에서 초점을 나에게서 남으로 의식적으로 옮기자 극적이고 때로는 즉각적인 결과가 뒤따랐다고 말했습니다.

Q. 에르네스토는 그냥 주고 결과를 의식하지 말라고 하는데 너무 순진한 태도가 아닐까요?

A. 인간이기에 누구나 자기 이익을 추구합니다. 이런 인간의 본성을 바꿔야 한다는 말이 아닙니다(사실 바꿀 수도 없습니다). 우리가 전하려는 메시지는 자기 이익을 잠시

접어두라는 것입니다.

가령, 영화를 볼 때 이야기를 감상하기 위해 우리는 기꺼이 불신을 잠시 멈춥니다. 스크린에 나오는 이야기가 실화가 아님을 알면서도 그 앎을 잠시 접어둠으로써 영화 감상이 주는 정서적인 영향을 온전히 누릴 수 있습니다.

기버가 되면 이와 꽤 비슷한 경험을 하게 됩니다. 이 경우엔 자기 이익을 기꺼이 삼가는 것이 됩니다. 자기 이익을 부인하거나 억압하거나 없애려 할 필요가 없습니다. 다만 잠시 접어둘 뿐입니다. 그렇게 하면 초점을 타인에게 전적으로 맞출 수 있습니다.

Q. 이 책에서 말하는 성공 법칙은 굉장히 간단해 보입니다. 실제 삶에서는 더 복잡하거나 어렵지 않을까요?

A. 그렇기도 하지만 그렇지 않기도 합니다. 이야기를 전달하기 위해서 이 책에서는 굉장히 단순하게 표현하고 있습니다(이 책은 소설이 아니라 우화이기 때문이죠). 그렇긴 해도 이 책의 등장인물들이 거둔 성공은 보이는 것처럼 그리 단순하지만은 않습니다. 데브라 대븐포트의 경력을

꽃피운 원동력은 그녀의 진정성이었지만, 수십 년에 걸친 삶의 경험과 1년간 전폭적으로 노력을 쏟아붓고 고생한 후에야 성공할 수 있었습니다. 에르네스토도 마찬가지입니다. 그는 사람들에게 잊지 못할 식사 경험을 제공했지만, 그 또한 탁월한 주방 관리와 리더십 기술을 키운 후에야 성공할 수 있었습니다.

Q. 주고 또 주다 보면 결국 받게 된다는 말인가요?

A. 기꺼이 베푸는 사람이 된다고 해서 전력투구와 탄탄한 사업 계획이 필요 없다는 뜻이 아닙니다. 내키는 대로 선행을 하고 그에 대한 보상을 기대하라는 뜻이 아닙니다(할머니가 길을 건너는 것을 돕는 건 훌륭한 일이지만 사업 전략은 아니듯이).

퀘이커 격언 중에 "기도할 때는 발을 움직여라"라는 훌륭한 말이 있습니다. 에르네스토와 니콜 모두 핫도그를 팔고 소프트웨어를 설계하고 판매하는 등 아주 현실적인 사업 모델을 가지고 사업을 시작했고 그 모델을 열심히 실행에 옮겼습니다. 샘(보험 고객 발굴), 데브라(부동산 판매), 클레어(그래픽 디자인과 광고 서비스 마케팅)도 마찬가지입니다. 다섯 가지 성공 법칙은 마법이 아닙니다. 진정한 성공을 이루려면 역시 일을 해야 하지만, 결국 그 일을 아주 좋아해야 성공하게 됩니다.

Q. 저만 '수용의 법칙'을 어렵다고 느끼나요?

A. 물론 아닙니다! 많은 독자가 처음 네 가지 법칙은 쉽게 받아들였지만 늘 열린 마음으로 받으라는 수용의 법칙은 어렵고 불편하다고 말합니다. "아직도 마지막 법칙을 이해하려고 노력하고 있어요"라는 말을 숱하게 듣죠.

하지만 이 법칙은 매우 중요합니다. 다섯 가지 법칙은 엄지와 네 손가락과 같습니다. 다섯 번째 법칙을 실천하지 않은 채 앞의 네 가지 원칙만 따르는 것은 엄지 없이 네 개의 손가락만으로 도구를 사용하려는 것과 같습니다(엄지를 쓰지 않고 망치, 연필, 바늘과 실을 써보면 알게 됩니다).

흔히들 주기와 받기, 그리고 타인의 이익과 자신의 이익을 본질적으로 대립하는 상태로 봅니다. 하지만 하나가 없이는 다른 하나도 효과적으로 작용할 수 없습니다. 이는 들숨과 날숨의 관계와 같습니다. 조가 말했듯이, 순순히 받지 않으면 흐름이 차단됩니다.

수용의 법칙을 실천하는 훌륭한 방법은, 누군가의 칭찬에 당황해서 부인하거나 "별거 아닌데요"라고 말하지 말고 순순히 받아들이는 겁니다. 미소를 지으며 감사를 표하고 받아들일 때 어떤 기분이 드는지 살펴보세요.

Q. 성경에서는 받는 것보다 주는 것이 더 좋다고 하지 않나요?

A. 밥은 유대인이고 존은 기독교인이긴 하지만 둘 다 모든 종교 전통을 깊이 존중합니다. 이 질문을 매우 자주 받기 때문에 우리는 기독교인인 존이 이 질문을 구체적으로 다루는 게 좋을 거라 생각했습니다.

사실 성경에 그런 말은 없습니다. 성경(사도행전)은 "주는 것보다 받는 것이 더 복이 있다"라고 말합니다. '복이 있는makarios'이라는 그리스어는 팔복(온유한 자는 복이 있나니, 긍휼히 여기는 자는 복이 있나니, 화평하게 하는 자는 복이 있나니 등)에도 사용된 단어이며, 운 좋은, 보상받은, 번성하는,

부유한, 행복한이라는 의미도 지닙니다. 다시 말해, 주는 데 중점을 두면 받는 데 중점을 둘 때보다 훨씬 더 풍성한 보답을 받게 됩니다.

어원을 따져보면 'makarios'에는 '더 크게 성장하다'라는 함의도 있습니다. 베푸는 사람은 모든 면에서 성장합니다. 더 많이 성공하고, 더 큰 영향력을 누리며, 더 큰 충만함을 느끼게 됩니다.

Q. '수용의 법칙'을 실생활에서 어떻게 적용할 수 있는지 예를 들어줄 수 있나요?

A. 핀다는 조에게 각각의 법칙을 배운 당일 실천에 옮기라고 말합니다. 여러분도 그렇게 하길 권합니다.

이 법칙들을 적용하는 데 꼭 대단한 노력이 필요한 것은 아닙니다. 일상에서 소소한 방식으로 얼마든지 실천할 수 있습니다. 잠시 개인적인 관심사를 접어두고 팀원이나 고객의 필요, 목표, 가치가 무엇인지 귀담아들으면 '영향력의 법칙'을 적용하는 것입니다. 변명하거나 방어적으로 구는 대신에 자신의 실수를 사과하면 '진정성의 법칙'으로 가장 훌륭한 선물을 제공하는 것입니다.

크리스티 헥스타드Christi Hegstad라는 독자는 이 책을 읽은 뒤 매일 아침 기꺼이 주는 활동을 하는 습관이 생겼다며 이렇게 말합니다. "누군가에게 당신을 생각하고 있다는 것을 알리는 카드를 보내세요. 동료에게 좋은 하루 보내라고 메시지를 남기세요. 동네 가게를 추천하는 기사를 보면 그 주인에게 기쁜 소식을 전하세요. 예상치 못한 감사 편지를 쓰세요. 기버가 될 수 있는 방법은 많습니다. 우리 각자가 세상을 더 좋은 곳으로 만드는 데 기여할 아주 좋은 기회입니다."

Q. 아이들도 이 책을 이해할 수 있을까요? 학교에서 이 책을 가르치는 경우도 있나요?

A. 물론입니다! 우리는 종종 부모들로부터 자녀들에게 《더 기버 1》을 읽혔다는 이야기를 듣습니다. 이와 관련해 우리가 접한 최고의 후기는 열두 살 소년 알렉스 하인스Alex Hines가 보낸 것이었습니다. 알렉스는 이런 결론을 내렸습니다.

"핀다의 정확한 나이는 추정할 수 없고 아무도 그의 성이 무엇인지 모릅니다. 왜 그럴까요? 이 다섯 가지 법칙이 누구나 배우고 가르칠 수 있는, 대대로 전해 내려오는 성공 철학이라는 것을 보여주고자 의도적으로 숨겼기 때문입니다. 이제 저는 핀다의 법칙을 따를 수 있고 핀다와 같은 인물이 될 수 있습니다."(잘했어, 알렉스!)

아울러 꽤 많은 선생님들로부터 이 책을 수업 교재로 사용한다는 말을 들었습니다. 랜디 스텔터Randy Stelter라는 교사는 이 책이 출판된 이후 해마다 인디아나주 발파라이소에 있는 휠러고등학교의 졸업반 전체를 대상으로 《더 기버 1》에 관해 강의하고 있습니다. 사실 우리는 얼마 전에 랜디의 분석을 바탕으로 《기버 교육과정 가이드Go-Giver Curriculum Guide》를 발표하기도 했습니다.

Q. 《더 기버 1》을 다 읽어가고 있습니다. 이 책과 이어지는 다른 읽을거리는 없나요?

A. 《더 기버 2》는 《더 기버 1》의 후속작이라고 할 수 있습니다. 이른바 《더 기버 1》의 실전 가이드로, 사람들의

실제 경험담을 들어 다섯 가지 법칙을 설명합니다. 겉으로는 세일즈에 관한 이야기처럼 보이지만, 삶과 살아가는 방식에 관한 책이기도 합니다.

《더 기버 3》(첫 제목은 '당신에 관한 이야기가 아니다It's Not About You'였습니다)은 핀다의 동네에서 펼쳐지는 또 다른 이야기입니다. 클레어가 다시 등장하여 핀다의 젊은 시절에 대해 알게 됩니다. 이 책은 전설적인 리더십을 위한 다섯 가지 열쇠와 더불어 협업의 맥락에서 기버가 된다는 것이 무엇인지 보여줍니다. 전통적인 리더의 지위에 있는 사람들뿐만 아니라 동료, 파트너, 부모, 친구 등 누구에게나 유용한 정보입니다.

이외에 더 많은 책이 나올 수 있냐고요? 가능합니다. 베풂은 큰 주제고, 핀다는 아직도 할 말이 많을 테니까요.

옮긴이 | 이현

한국외국어대학교 통번역대학원을 졸업했다. 금융, 법률 등 다양한 분야에서 산업 번역사로 활동하다 오랜 세월 목표로 했던 출판 번역가가 되었다. 현재 출판 번역 에이전시 글로하나에서 인문, 경제경영, 자기계발 등 다양한 분야의 영미서를 번역하고 검토하면서 활발하게 활동하고 있다. 옮긴 책으로는 《방향을 따라야 인생이 달라진다》, 《관계의 뇌과학》, 《나폴레온 힐 멘탈 다이너마이트 시리즈》(전 3권), 《업타임》, 《프리즘》, 《정원의 철학자》, 《AI 2041》, 《게으르다는 착각》 등이 있다.

더 기버 1

왜 주는 사람이 결국 부를 끌어당기는가

개정판 1쇄 인쇄	2026년 3월 17일
개정판 1쇄 발행	2026년 3월 31일
지은이	밥 버그, 존 데이비드 만
옮긴이	이현
책임편집	최안나
편집	송현주
디자인	studio forb
책임마케팅	최혜령, 박지수, 도우리, 양지환, 송지은, 박주미
마케팅	콘텐츠IP사업본부
해외사업	한승빈, 박고은
전자책	김주리
경영지원	백선희, 권영환, 이기경, 최민선, 강아현
제작	재영 P&B
펴낸이	서현동
펴낸곳	㈜오팬하우스
출판등록	2024년 5월 16일 제2024-000141호
주소	서울특별시 강남구 테헤란로 419, 11층(삼성동, 강남파이낸스플라자)
이메일	info@ofh.co.kr

ISBN 979-11-7577-196-3 (03190)